Psicologia social dos valores

Pascal Morchain

Psicologia social dos valores

DIREÇÃO EDITORIAL:
Marlos Aurélio

COMISSÃO EDITORIAL:
Avelino Grassi
Edvaldo Araújo
Fábio Evaristo
Márcio Fabri dos Anjos
Mauro Vilela

TRADUÇÃO:
José Luiz Cazarotto

COPIDESQUE:
Ana Aline Guedes da Fonseca de Brito Batista

REVISÃO:
Ana Rosa Barbosa

DIAGRAMAÇÃO:
Érico Leon Amorina

CAPA:
Vinicio Frezza

Título original: *Psychologie Sociale des Valeurs*
© Dunod. Paris, 2009.
ISBN: 978-2-10-052616-1

Todos os direitos em língua portuguesa, para o Brasil, reservados à Editora Ideias & Letras, 2015.

Rua Tanabi, 56 – Água Branca
Cep: 05002-010 – São Paulo/SP
(11) 3675-1319 (11) 3862-4831
Televendas: 0800 777 6004
vendas@ideiaseletras.com.br
www.ideiaseletras.com.br

Dados Internacionais de Catalogação na Publicação (CIP)
(Câmara Brasileira do Livro, SP, Brasil)

Psicologia social dos valores / Pascal Morchain (tradução José Luiz Cazarotto). São Paulo-SP:
Ideias & Letras, 2015.
ISBN 978-85-65893-80-0

1. Psicologia social 2. Valores (Ética)
3. Valores humanos 4. Valores sociais I. Título.

15-01693   CDD-302.01

Índice para catálogo sistemático:
1. Valores humanos: Psicologia social: Sociologia 302.01

Sumário

Agradecimentos – 9

Prefácio – 11

Prólogo: um pouco de história – 15

CAPÍTULO I
Que são os valores? Tentativa de definição(ões) – 19

    I.   ETIMOLOGIA – 21

    II.   DO LADO DA FILOSOFIA – 23

        1. Definições 24
        2. Valores, moral e ética 25

    III.   DO LADO DA PSICOLOGIA – 29

        1. Definições 29
        2. Spranger, Vernon e Allport 42
        3. Uma classificação derivada de
           Vernon e Allport 43
        4. A questão do vínculo afeto-valores 49

CAPÍTULO 2
As características dos valores – 55

I.   ORIGENS – 57

     1. Fundamentos motivacionais.................... 57
     2. Fundamento social: aprendizagem 60

II.   HIERARQUIA, ESTRUTURA E MEDIDA DOS SISTEMAS DE VALORES – 65

     1. Hierarquia 65
     2. Estrutura.. 68
     3. Como medimos a estrutura dos valores? Uma abordagem intuitiva....................... 69
     4. Estrutura dos valores em Rokeach e em Schwartz 75

III.   RELATIVIDADE DOS VALORES – 89

     1. Ideologia 89
     2. Cultura 98
     3. Nacionalidade 102
     4. Gênero.. 104
     5. Idade 106
     6. Tipo de estudos...................................... 109
     7. Valores e personalidade 110
     8. A relação com os contextos e com as práticas 114

IV.   A QUESTÃO DA MUDANÇA DE VALORES – 117

CAPÍTULO 3
Para que servem os valores? – 123

I. OS VALORES SÃO GUIAS: ELES TÊM UMA FUNÇÃO DE ORIENTAÇÃO – 125

    1. Percepção e juízo social 125
    2. Orientação das condutas 145

II. OS VALORES AJUDAM TAMBÉM (SOBRETUDO?) A JUSTIFICAÇÃO – 163

    1. Valores e justificação nas representações sociais e nos estereótipos 164
    2. Os valores utilizados para a justificação não são sempre aqueles que a pessoa prioriza 170

À guisa de conclusão – 175
Referências bibliográficas – 179
Índice de conceitos – 205
Índice de autores – 207

Agradecimentos

Um livro pode ser percebido pelo leitor como o fruto de um trabalho individual, especialmente quando a autoria é de uma pessoa só. Isso é verdade, em parte. Mas um livro é também o elo de uma corrente. Como objeto, ele decola do trabalho de uma equipe, de muitos grupos de pessoas que trabalham em conjunto. Quanto ao seu conteúdo, ele brota do trabalho de pesquisadores (ou mais amplamente, de pensadores) que precederam o autor, e do intercâmbio que ele manteve com os colegas e amigos. Um livro é forçosamente um testemunho; ele transmite as luzes recebidas de outrem. Meus pais me ensinaram a compreender a relatividade das condutas e a importância dos valores. Hoje, meus amigos levam-me a confrontar, com respeito, nosso sistema de valores, e tentar realçá-lo e mesmo defender o que importa neles (pelo menos aos meus olhos): A *liberdade*, a *igualdade* e a *fraternidade*. Sou muito grato a eles.

Meu encontro com o grande pesquisador que foi Jean-Pierre di Giacomo (falecido em 2001) orientou-me, ainda que tardiamente, para a pesquisa em psicologia social. Tive o privilégio de ter conseguido me beneficiar de seu rigor científico e de sua integridade, e especialmente, de compartilhar de sua amizade.

Este livro não teria jamais vindo à luz sem a amizade e a confiança de Georges Schadron (nesse nível, já não conto mais os anos de amizade profunda), de Eva Drozda-Senkovska e Dominique Oberlé, e mais recentemente, de

Sylvain Delouvé. Entre os colegas e amigos do CRPCC (Centro de Pesquisas em Psicologia Social e Comunicação, EA1285)[1] tenho muito prazer em apresentar os nomes, especialmente os do LUREPS (Laboratório Americano Universitário de Pesquisa em Psicologia Social): Christelle Maisonneuve, Gérard Guingouain, Alain Somat e Benoît Testé, com os quais tive o prazer de compartilhar e fazer pesquisas. Yvonick Noël (CRPCC-LPE – Laboratório de Psicologia Experimental) deu-me a chance de precisar certos pontos relativos aos tratamentos estatísticos. Tenho também de agradecer a Christine Chataigné que terminou sua tese na Universidade de Nice (LPCS – Laboratório de Psicologia Cognitiva e Social, EA1189/UNSA), pela grande qualidade de seus trabalhos e de suas reflexões. Sua influência sobre este livro é discreta, mas inegável; aprendi e continuo a aprender graças aos seus trabalhos. Por fim, agradeço a Brigitte Lecat, minha companheira. Com seu profundo conhecimento em psicologia social ela leu o manuscrito inicial, aconselhou-me em sua reestruturação e por fim, apoiou-me na fase final de sua elaboração por escrito e até mesmo numa reescritura. Sua ajuda permitiu colocar uma ordem no caos inicial das minhas ideias. Deixo aqui para ela o meu abraço.

---

1 Indicativo do grupo de estudos; foram mantidas as siglas do original (NT).

Prefácio

Meu caminho, minha sensibilidade pessoal, minhas pesquisas em psicologia social e a constatação de que os valores encontram-se nos diversos domínios da vida, levaram-me ao interesse pela questão dos valores. Todos os grandes sistemas "filosóficos"[2] fixam valores essenciais que são vistos como úteis para orientar a vida das pessoas, e mais especialmente, as suas relações com os outros. Esses valores estão em toda a parte, ao que parece, e são bastante similares: Um valor central seria o respeito e até mesmo o amor – ao outro, a Deus ou à humanidade. A simples observação cotidiana indica, por outro lado, que pensamos nossos atos como fundamentados em valores, mas também que nós os justificamos diante deles. Por exemplo, enviamos – ou deixamos de fazê-lo – as pessoas para lutar em nome do "respeito pelo direito internacional", da "não ingerência", ou pior, "em nome da raça". Foi em termos de avaliação de valores que o presidente Clinton ficou em maus lençóis por ocasião do *Monica-Gate*, referência evidente ao caso *Watergate* relativo a Nixon. Podemos assinalar, claro, ingenuamente, que se fez muito alvoroço por nada de um caso que dizia respeito a dois adultos, *a priori*, em situação de mútuo consentimento.

---

2 Este termo refere-se aqui às religiões reveladas ou não, mas também às correntes de pensamento que brotaram do Iluminismo.

Assim, ingenuamente, percebemos ao mesmo tempo o esquecimento – ou a minimização – do fato de que um presidente dos Estados Unidos possa estar diretamente implicado na desestabilização de regimes estrangeiros (Argentina), e na morte de centenas de milhares de civis (Iraque). Alguns ficam incomodados pelo fato de a televisão difundir programas sobre a sexualidade, mas não se perturbam com as imagens da violência nos jornais televisivos. O sexo seria menos moral e com isso mais criticável que a guerra? Visto por uma pessoa cosmopolita, é um "equilíbrio de valores" bem curioso. Mas não sejamos ingênuos. Vamos adiante. Se dermos crédito à literatura da psicologia social, o papel dos valores nas atividades humanas aparece como muito importante, e até mesmo, determinante. Como em todas as ciências, apresentam-se aqui diversas questões. Por exemplo, ao que parece, os valores orientam a ação, ou melhor, a intenção de agir. Mas se o contexto não facilitar isso, se a pessoa for levada a agir diversamente, os valores acabam sendo o quê? Podem eles mudar, se reforçar ou mesmo serem utilizados como uma racionalização *a posteriori*? A questão de saber se os valores são anteriores ou posteriores aos comportamentos às vezes nem se põe, em todo o caso, nesses termos, uma vez que os valores são às vezes anteriores e outras posteriores: Eles preexistem no sistema social, orientam as condutas e permitem justificar, racionalizar. Portanto, essa atribuição da dupla função dos valores é fundamental, e a maneira de tratá-la depende finalmente do posicionamento do pesquisador. Por outro lado, o estudioso, trabalhando sobre valores, não fala sempre do mesmo objeto: Seja quando ele fala bem dos valores (sob as diversas denominações), seja quando fala em termos de valência (traços da personalidade, por exemplo), seja em termos mais gerais de avaliação. Um outro ponto fundamental é que os valores devem sempre ser considerados em função dos contextos sociais. Nesse sentido, concordo com Georges Schadron, para quem o observador social deve ser capaz de produzir um "bom juízo" numa "boa situação". Quando os hoteleiros questionados por LaPiere (1934) negaram que acolheriam os chineses em seu estabelecimento, eles assim procederam porque pensavam que essa resposta seria socialmente aceitável, levando-se em conta as normas e os valores da época (e isso não os impedia de acolher alguns chineses). Do mesmo modo, com aquilo que conhecemos da história, provavelmente vamos controlar a formulação de nossos juízos com relação aos judeus (podemos constatar, a esse propósito, ao que parece, que toda e qualquer crítica contra o Estado de Israel logo é interpretada como antissemitismo). Nesta obra, abordaremos em grandes linhas definições diversas dos valores. Veremos também como eles se organizam em sistemas, como o pesquisador os delimita e quais são os seus impactos em diferentes níveis de percepção, de juízo e de comportamentos. É essencialmente no campo teórico da psicologia social que situaremos a reflexão. No âmbito desta obra, trataremos de maneira parcial a questão, focando no domínio da percepção social.

Prólogo: um pouco de história

> *É gente amorosa, não são invejosos e são serviçais para todas as coisas, e certifico a Vossas Altezas que, no mundo, creio que não há pessoas melhores e nem terras; eles amam o seu próximo como a eles mesmos, e eles têm uma fala muito doce e a mais calma do mundo, e estão sempre sorrindo. Eles andam nus, tanto os homens quanto as mulheres, como as suas mães os colocaram no mundo. Mas Vossas Altezas podem crer que entre eles existem bons costumes e reina uma tão maravilhosa ambiência que é um prazer ver tudo isso reunido.*
>
> Diário de Cristóvão Colombo
> Citado por KERCHACHE, 1994

12 de outubro de 1492: Cristóvão Colombo desembarca na Ilha de Guanahani e encontra os aruaques, que ficaram para a história como taínos, nome que deriva da palavra *nitaino*, que designava entre eles o homem "nobre e prudente" (DAUBERT, 1994; KERCHACHE, 1994). 5 de dezembro de 1492: Colombo desembarca no Haiti. Bartolomeu de las Casas anota: "Então eles viram pessoas nuas". E as primeiras descrições de Colombo que dão conta dos aruaques são positivas. Elas se relacionam à sua aparência física:

> *Essas pessoas são muito bonitas; [...] seus olhos são bonitos e não pequenos; [...] eles têm todos, provavelmente, as pernas bem feitas e o ventre achatado, muito bem feito; [...] eles são todos, sem exceção, de porte alto e de boa aparência e muito bem desenvolvidos em termos de pessoa [...].*

Ele os apresenta também em termos de sua mentalidade, ou seja, em termos de caráter:

> [...] Eles são atentos quando quero que repitam em seguida o que lhes disse; [...] eles são muito sensíveis e ponderados [...]. (Citado por TOLENTINO, 1984 e por DAUBERT, 1994)

Em relação à cristandade: "(Eles) se envolvem e se converteriam à nossa santa religião, mais por amor que pela força [...]". Infelizmente, apesar desses primeiros juízos que evocam o Jardim do Éden, seria bom ver alguns dados e algumas cifras (DAUBERT, 1994). Em 1492, havia mais de um milhão de taínos na Ilha de Hispaniola (hoje Haiti/Santo Domingo), em 1542, a soma chegava a duzentos, e, em 1568, a treze. Em menos de um século, massacres, epidemias, suicídios coletivos, escravidão se sucederam. Dos valores positivos atribuídos aos indígenas, se passará pouco a pouco, por razões econômicas essencialmente, à atribuição de valores negativos (TOLENTINO, 1984), que permitem justificar a escravidão. Assim, em fevereiro de 1493, Colombo informa a Luiz Sanagel, intendente dos monarcas, as riquezas que poderiam ser expedidas à Espanha: Ouro, algodão, cola, aloés, "e escravos, contanto que se venha buscá-los, uma vez que são idólatras". Por outro lado, num relato de 30 de janeiro de 1494, ele escreve:

> Vossas Altezas poderiam conceder licenças e permitir que uma quantidade suficiente de caravelas (venham para cá), para que elas venham aqui a cada ano e que elas tragam animais domésticos e material para povoarem o campo e explorarem a terra: E isso poderia ser a preços razoáveis e às custas de quem as trouxer. Tudo isso poderia ser pago com escravos feitos entre esses canibais que são pessoas muito ferozes, folgadas, desproporcionais e de bom entendimento; creio que (assim) eles perderão a sua condição

desumana e serão melhores que todos os demais escravos. (Citado por TOLENTINO, 1984)

A idolatria é o pretexto para a sujeição de seres humanos que adoram deuses, cuja existência contraria a ordem católica. Quanto ao canibalismo, é outro pretexto: Os "índios", descritos como desumanos, podem então ser utilizados como escravos. A ação de Las Casas, que lutará por ocasião da controvérsia de Valladolid (1551), para fazer com que fosse reconhecida a sua qualidade de seres humanos (a Igreja reconhecerá que eles teriam uma alma), teve como consequência a transferência da escravidão para uma outra população: A dos negros... Mais recentemente, o ex-presidente G.W. Bush evocou uma "cruzada" contra o "eixo do mal", e descrevia Saddan Hussein como um açougueiro sanguinário (não se trata aqui de negar os crimes desse último, trata-se de mostrar para que serve o apelo aos valores, ou o uso de rótulos negativos). Com séculos de intervalo, o mecanismo é o mesmo, e o objetivo é sempre o de legitimar, seja uma decisão, sejam atos efetuados ou a serem efetivados no futuro. Essa legitimação não faz referência senão a valores: A "solução final" é feita em nome da purificação da raça (no contexto onde ela foi formulada, essa justificação é positiva), e as intervenções (ou as não intervenções, por outro lado) no estrangeiro são legitimadas com o apelo ao respeito pelos povos, ao direito da autodeterminação, à democracia ou à liberdade; essas últimas sendo concebidas em nossas sociedades como valores universais. Nesses poucos exemplos (mas a história poderia nos fornecer inúmeros outros), uma das questões subjacentes é: "O que é, afinal, um ser humano?" ou "O que é ser humano?". Essa questão, frequentemente posta entre outras, nos romances de ficção científica (DICK, 1968), está também no coração da psicologia social (DECONCHY, 2000; MAZÉ, 2000; SCHWARTZ e STRUCH, 1989; LEYENS *et al.*, 2000; VAES, PALADINO e LEYENS, 2006). A ideia de ser humano é claramente uma construção social (BERGER e LUCKMANN, 1967) e as suas definições referem-se sempre às relações intergrupais, a certas condutas, ao afeto e aos valores que contribuem para a diferenciação. Eminentemente social, essa "percepção" põe em questão tanto a avaliação quanto a descrição (LEYENS, IZERBYT e SCHADRON, 1996), e o juízo faz sempre, de um modo ou de outro, referência aos valores para uma reflexão sobre os direitos humanos (DOISE, 2009).

Capítulo 1

Que são os valores?
Tentativa de definição(ões)

I
Etimologia

O termo "valor" é antigo: O verbo latino *valere* significa ao mesmo tempo "ser saudável" e "ser forte, poderoso" (MORFAUX, 1990). Apenas como uma anedota (citado por CARFANTAN, 2006), os latinos terminavam as suas cartas com fórmulas como *si vales, bene est* (se você está bem, tudo bem) ou ainda *si vales, gaude* (se você está bem, viva). É, portanto, dessa ideia de saúde e força que vem a de coragem e bravura.

No sentido mais antigo, na língua francesa, a palavra *valor* significa, por outro lado, "coragem". É também característico daquilo que seja desejável. *Vaillant* significa "resistente, forte", mas também, "útil" e "generoso" (LAVELLE, 1950). A palavra *valeur* aparece desde 1694 no *Dictionnaire de L'Academie*. O termo valor significa, nesse dicionário, tanto a qualidade (por exemplo, a generosidade), como a pessoa que é dotada de qualidade (uma pessoa "de valor", uma pessoa generosa).

O termo passará da linguagem corrente para a técnica e terminará por ser associado às coisas, na economia (1705), à música (1740), à pintura (1792) e às matemáticas (1845).[3] No fim do século XIX, Weber e Durkheim utilizam o termo "valor" em sociologia (FEERTCHAK, 1996). É es-

---
3   Em português o termo "valor" evidentemente, associa-se a "valer" em uso desde 1813 e relacionado também ao verbo latino *vălēre*. Assim como em francês, correlaciona-se à coragem: valente, valentão; remete semanticamente à saúde: (in)válido. CUNHA, A. Geraldo da. *Dicionário etimológico – nova fronteira da língua portuguesa*. Rio de Janeiro: Nova Fronteira, 1982, pp. 809-810 (NT).

sa última significação que a psicologia social manterá, principalmente.

    O termo "axiologia", usado quando se fala de valores, é sinônimo de "filosofia dos valores" (*Encyclopaedia Universalis*, 2008). Etimologicamente, "axiologia" significa estudo ou teoria (do grego *logos*) daquilo que é digno de ser valorizado (*axion*), daquilo que vale, daquilo que pode ser objeto de um juízo de valor. A axiologia desenvolve-se depois de 1892, com os trabalhos de Rickert, que retoma uma distinção de Kant, conforme Fichte, segundo os quais o valor é aplicado à realidade. A axiologia trouxe, entre outras, a questão da origem dos valores (ou da relação do juízo de avaliação do valor). Ela também se perguntou se o sujeito recebia ou criava os valores; a essas questões a psicologia também trouxe algumas respostas.

II
Do lado da filosofia

> *Não existe comunidade humana alguma, por mais primitiva que seja, que não reconheça regras e que não distinga o bem do mal: Regras do casamento (interdição do incesto etc.), de distinção entre alimentos permitidos, proibidos, muitas vezes prescritos ao longo de certas cerimônias; as obrigações nos processos de trabalho do grupo etc.*
>
> WEIL, 2000

Os valores são considerados centrais na atividade humana. Com efeito, todas as sociedades definem o que seja o "bem" e o que seja "mal", "belo" e "feio" etc. A partir da proposta de Lavelle (1950), os valores fundamentais formariam uma tríade, cuja origem estaria na filosofia platônica: A verdade (valor intelectual), o belo (valor estético) e o bem (valor moral). Segundo Platão, não podemos desejar senão o bem, e o desejo é já um movimento por alcançá-lo, o que necessita de regras (BLONDEL, 1999). Para Spinoza, por outro lado, "nós não desejamos as coisas porque elas são boas, mas declaramos que são boas porque nós as desejamos" (Ética, proposição 9). Ele define o mal como "aquilo que sabemos com certeza que impede que possamos ter um bem", enquanto o bom é "o que sabemos com certeza que nos é útil".

Nessa ótica, os valores remetem a uma utilidade, podendo ser uma utilidade social (BEAUVOIS, 1998; ROBERT, TARQUINIO, LE MANIO e GUINGOUAIN, 1998).

Tenhamos em mente que ainda que Platão e Spinoza vinculem os valores ao desejo – o motor das condutas – para Platão os valores são orientadores das condutas, enquanto para Spinoza eles remetem à justificação.

I – Definições

Na filosofia, os valores são "antes de tudo o que vale socialmente, aquilo sobre o que concordamos" (BLANQUART, 1992). Similarmente, para Château (1985, p. 22):

> Um valor, é mais que uma simples motivação, é um apelo atendido e aceito [...] uma linha (de conduta) que a pessoa se doa, um dever, uma ordem moral. Quem fala de valor, fala de consciência moral e social, de ritos e de cerimônias.

Nessas definições, por certo amplas, a noção de "dever" é central, e os valores são concebidos como consensuais e eminentemente pró-sociais: Provindos de um consenso, eles regulam as relações sociais (MOSCOVICI e DOISE, 1992). Com efeito, de um lado eles podem ser discutidos e mesmo rejeitados no âmbito de grupos, por outro lado, os valores sobre os quais concordam os membros de um grupo opõem-se (ou pelo menos, se diferenciam) dos valores dos membros de outro grupo. Em outros termos, os valores se inscrevem num processo de comparação social: As pessoas comparam as suas percepções, sensações, crenças às de outras pessoas. Uma das consequências da comparação é uma clivagem clara entre os grupos (eles não têm os mesmos valores que nós!).

Entretanto, essa clivagem não é necessariamente um produto de um viés das avaliações: A organização dos valores é certamente diversa de um grupo social para outro. Por exemplo, para um pesquisador, o *saber* constitui um valor elevado, para um juiz de instrução de apelo, é a *justiça*, para uma pessoa de fé, o *amor*, para um ser humano em busca, a *transcendência,* e para um fervoroso republicano, *a laicidade*.[4] Mas o indivíduo que privilegia tal valor o faz em função de sua pertença a um grupo, ou antes, tendo como referência a significação emocional e valorativa que ele concede a essa pertença. Assim, posso ser ao mesmo tempo um pesquisador, um republicano e uma pessoa "em busca".[5] Se num dado momento, defino-me como "pesquisador", foi porque valorizei o *saber*, e provavelmente, menos a *laicidade*. E quando me defino como republicano ou como um "buscador", é a *laicidade* ou a *transcendência* que tenho como mais importante.

2 – Valores, moral e ética

Os valores remetem à moral e à ética. Mas o que significam esses termos tão próximos entre si? Segundo Weil (2000):

> *Etimologicamente, o termo moral vem do latim* (philosophia) moralis; *termo usado por Cícero para traduzir* ta èthica *do grego; os dois termos designam aquele saber ou conhecimento que trata dos costumes, do caráter, das atitudes humanas em geral, e em particular, das regras de conduta e de suas justificações. Reserva-se, entretanto, ainda que não haja um total acordo sobre esse assunto, o termo latino para a análise dos fenômenos morais concretos e o termo de origem grega para o problema dos fundamentos de toda a moral e o estudo dos conceitos fundamentais, tais como bem e mal, obrigação, dever etc. A moral aparece, de início e legitimamente,*

---

4 Característica da mentalidade política e mesmo social da França que valoriza a nítida separação e distinção entre a(s) Igreja(s) e o Estado (NT).

5 *Quest people* ou *cherchants* são pessoas que estão em busca de alguma dimensão que não precisa ser necessariamente religiosa, mas que "organize" o mundo com um sentido; de um modo geral estão insatisfeitas ou frustradas com os modelos religiosos ou de filosofias de vida existentes (NT).

> *como o sistema de regras que o ser humano segue (ou deve seguir) tanto em sua vida pessoal como social.*[6]

De modo similar, para Blondel (1999, p. 24):

> *Chamamos moral, prática ou teórica, o conjunto de questões e de respostas sobre o problema do modo de vida e dos costumes [...] que nos damos, a que somos subjugados ou a que nos submetemos.*

Já para Ricoeur (1995; citado por Blondel, 1999): "A primeira questão de ordem moral não é: o que devo fazer? Mas: como deveria tocar a minha vida?". A moral tem, portanto, a função de orientação das condutas, ainda que Weil (2000) lhe reconheça uma função de justificação. A moral se refere aos costumes, que são:

> *As ações e os juízos costumeiros de uma sociedade e de uma época [...] a palavra costumes compreende tudo o que, vindo da sociedade pela instituição, por tradição e por hábitos, modela a vida dos seres humanos.* (BLONDEL, 1999, pp. 16-28)

Isso implica, portanto, que não pode existir uma moral universal, como não pode haver uma teoria ou sistemas de valores universais (em psicologia social, os trabalhos de Schwartz, questionam essa ideia). Hegel questiona o idealismo vazio das morais puras e absolutas, mas elogia os costumes, que se constituem para ele em única moral real, em ato, e o único fundamento efetivo da moralidade.

Na psicologia social, Milgram (1974, p. 23) constatará, a propósito, que "o sentido moral é menos *constrangedor,* que nos quer fazer crer o mito social". Apoiada sobre as normas e os valores, a moral tem também por função

---
6   *Encyclopaedia universalis,* versão CD-ROM.

desenvolver, *via* educação, as regras universais, que Weil (2000) chama de *valores*. Se a moral diz respeito aos costumes, usos e hábitos de uma sociedade (BAECHLER, 1976, p. 156; BOLOGNE, 1986; ELIAS, 1973), a ética é concebida, de um lado, como uma elaboração consciente e individual do bem e do mal, e de outro, como uma tentativa de conformar sua conduta a princípios. A ética remete, pois, essencialmente, aos valores fundamentais de um indivíduo no âmbito de um grupo social. Na ética, o indivíduo escolhe os seus princípios de vida em vista de uma causa e se esforça para fazer deles uma arte de viver. Se o conteúdo das ações éticas varia, a sua forma parece ser constante e universal: Ela consiste sempre em ter como prioritários os princípios e normas universais e não os desejos pessoais. A ética se correlaciona com uma certa concepção do que seja o ser humano e o bem para o ser humano. Segundo Baechler (1976, p. 167), a ética torna-se ideologia quando o indivíduo está numa situação em que ele deve defender seus princípios contra uma situação política que escarnece deles. A ética é sustentada por valores, a moral por normas. Assim, a ética poderia ser menos constrangedora que a moral. A deontologia refere-se, quanto a ela, a regras de ordem profissional: Ela remete aos princípios do exercício de uma profissão.

III
Do lado da psicologia

A psicologia *destacou-se* da filosofia e desenvolveu-se como uma ciência experimental no final do século XIX: Em 1879, Wundt estabelece o primeiro laboratório de psicologia experimental em Leipzig (FRAISSE e PIAGET, 1963); em psicologia social, o primeiro experimento conhecido voltava-se para os efeitos da facilitação social (TRIPLETT, 1897). Desse modo, a psicologia adotou os preceitos ou princípios da medicina experimental de Claude Bernard como instrumentos próprios de pesquisa e ação. Depois disso, passando por algumas exceções, a caminhada científica foi preponderantemente em psicologia, isto é, utilizando as teorias e métodos da psicologia. Ainda que teoricamente separada da filosofia, a psicologia continua apoiada sobre ela e grandemente influenciada por ela (muito dificilmente poderia ser diverso), e encontramos essa influência não somente nas definições de valores, mas também nos diversos modelos explicativos, em especial, no campo da percepção social.

1 – Definições

Em psicologia também o termo *valor(es)* é polissêmico (ROHAN, 2000). Apresentaremos sucintamente a maneira pela qual os valores são concebidos em alguns campos, mas nos ateremos principalmente, a tratar de suas definições em psicologia social.

Metodologia

Nesse campo interdisciplinar relativo à pesquisa e psicologia, o valor vem definido como "a modalidade de uma variável". Por definição, uma variável é uma quantidade suscetível de variações: Idade de uma pessoa, seu sexo biológico e sua origem sociocultural. A idade varia de 0 a "x" anos, o sexo biológico compreende duas modalidades (três, na realidade, se levarmos em conta também os hermafroditas), a origem sociocultural pode ser apreendida pela classificação INSEE etc.[7] A noção de valor de uma variável diz respeito igualmente à medida de fenômenos: A intensidade do estresse percebido pode ser medida com uma escala contínua de 0 (ausência de estresse) a 100 (intensidade máxima). A adesão aos valores sociais pode também ser medida desse modo.

Reforçamento de condutas

Segundo Hull (1952, citado por Poitou, 1973, p. 49) o valor "pode ser considerado como algo que, assentando sobre o caráter de uma substância ou de um bem, faz dele um agente reforçador para o organismo...". Uma substância não será valorizada (buscada) enquanto o processo de reforçamento não tiver ocorrido. Dito de outro modo, o valor de um objeto desempenha um papel na aprendizagem: O valor condiciona as condutas no sentido em que o indivíduo irá procurar aquilo que lhe é agradável e evitar o que lhe seja desagradável. Os valores atribuídos a um objeto influenciam a interpretação das consequências das respostas, de tal modo que certas respostas e

---

[7] O *Institut National de la Statistique et des Études Économiques* – INSEE – é uma espécie de IBGE francês, e tem seus padrões de medidas que podem ser usados como referência (NT).

suas consequências tornam-se reforçamentos positivos, e outras, negativos. Segundo Triandis (1979), o fato de um evento ser consistente com os valores do sujeito faz com que ele seja prazeroso, e os eventos prazerosos tendem a aumentar a probabilidade de realização de atos percebidos na origem desse evento.

Cognição: o valor como relação entre categorias

Para Jones e Gerard (1967), o conceito de valor expressa uma relação entre os sentimentos de uma pessoa e algumas categorias cognitivas. Essa relação, remetendo ao afeto,[8] está ligada à ação (TRIANDIS, VASSILOU, TANAKA e SHANMUGAN, 1972, citado por TRIANDIS, 1979). Assim, os valores são em parte afetivos e em parte cognitivos. Numa mesma ordem de ideias, mas no quadro da categorização social (isto é, no modo como classificamos as pessoas), para Tajfel (1972, pp. 279-280) a noção de valor remete, de um lado, aos termos que têm um valor conotativo (*bom x mau*, por exemplo), *quando eles são facilmente aplicáveis a uma categoria social*. Eles remetem, por outro lado, ao fato de que essas categorias são diversas umas das outras segundo um (ou muitos) grupo(s) de valores conotativos (quando um é *melhor* e/ou *mais amado* que outro).

Valores e motivação

Esses termos são bem próximos, semanticamente, uma vez que têm a ver com a ação (numerosos modelos

---

[8] Ainda que possamos compreender *affect* como "emoção", este último termo é mais preciso e o primeiro mais amplo; por isso, usamos normalmente o termo "afeto" no geral, e nas situações mais precisas, usaremos "emoção" ou mesmo "sentimento" (NT).

teóricos explicam, a propósito, os seus vínculos (ECCLES e WIGFIELD, 2002). Buscamos estabelecer aqui as diferenças. Se o termo *valor* brota de campos diferentes (filosofia, sociologia, psicologia, economia etc.), o termo *motivação* relaciona-se essencialmente com a psicologia (Feertchak, 1996). Ele vem do latim, *movere*: Deslocar. Dessa raiz latina decorrem motor, movimento, locomoção; no século XIII, já temos *émoi* (agitação), *émouvant* (enternecedor), *comovente*; no século XVII, *meute* (matilha), *émeute* (insurreição), *motim*.[9]

Segundo Maugeri (2008), o conceito de motivação está ancorado no de energia, e a motivação liga-se às emoções e à vontade. Uma motivação é, portanto, aquilo que coloca algo em movimento, mas ela não pode ser controlada diretamente. Como a atitude, é uma construção hipotética que não é acessível senão através dos comportamentos. Segundo Feather (1982), os valores são uma das motivações que impulsionam os indivíduos a efetivar atos que eles pensam que devem realizar. Ele pensa que os valores do indivíduo influenciam na atratividade percebida ou exercida por diferentes objetivos, e consequentemente, afetam sua motivação em ir ao seu encontro (ECCLES e WIGFIELD, 2002). Em outros termos, uma pessoa terá tanto mais chances de se envolver numa atividade a qual ela atribui valor e que ela crê ou vê com chances de ter sucesso (BOURGEOIS, 2008). Se os valores são definidos às vezes como motivações, no sentido em que eles são concebidos como estando na origem das condutas, eles são também

---

[9] Foram mantidos alguns termos em francês, uma vez que a história da palavra "motivação" em português segue um caminho diverso. O termo "motivação" na língua portuguesa entra no vocabulário praticamente no início do século XX. As raízes etimológicas do *movere* vão derivar mais para motor, motivo, motim etc. GERALDO, A. da Cunha. *Dicionário etimológico nova fronteira da língua portuguesa*. Rio de Janeiro: Nova Fronteira, 1982, p. 535 (NT).

correlatos a algumas motivações, por exemplo, de bem-
-estar (TARTAKOVSKY e SCHWARTZ, 2001).

Os valores como crenças

Segundo Rokeach, um valor é um tipo de crença e é até central num sistema de crenças individual. Ele aponta para o modo segundo o qual a pessoa deva se comportar, ou para as finalidades da existência que seria bom ele buscar. Os valores são ideais abstratos, positivos ou negativos, não vinculados especificamente a um objeto de atitude ou a uma situação, que representem as crenças dos sujeitos sobre os modos ideais de conduta e sobre as finalidades idealizadas (ROKEACH, 1968, p. 124). Um modo ideal de conduta pode ser o de pesquisar a verdade, comportar-se com honestidade e autenticidade; uma finalidade ideal é a igualdade, a liberdade, o bom nome ou a fama, a salvação. Notemos que os modos ideais de conduta situam-se num nível mais concreto que as finalidades ideais. De modo mais geral, para Rokeach (1973, citado por DOISE, 1999):

> *Um valor é uma crença persistente relacionada a uma maneira específica de se comportar ou que um objetivo final a ser alcançado na vida é pessoal e socialmente preferível na existência. Um sistema de valores é uma organização duradoura de crenças relacionada à importância relativa de formas de conduta ou de objetivos finais.*

Essa definição se apoia na de Kluckhohn (1951), para quem os valores são princípios compartilhados relativamente ao que seja o desejável numa comunidade, e que servem de guia para a coordenação das ações de seus membros (BRAITHWAITE, 1998). Para Rokeach, um valor é uma crença que pode ser apreendida em dois níveis: Individual e social. Para ele, essa crença é estável no tempo, e por isso, pouco suscetível à mudança. Sua definição evoca, enfim, o vínculo entre os valores e a ação, mas também a comparação dos valores: O sujeito compara os valores uns com os outros, e o produto disso pode ser o conflito de valores, seja no nível individual ou social. Segundo Norman Feather (*et al.* 1992), que desenvolveu suas pesquisas a partir de Rokeach, o termo *valores* refere-se a um conjunto estável de crenças gerais relativas ao que seja o desejável. Para ele essas crenças são geradas ao mesmo tempo pelas normas societárias, como pelo sentido de si do indivíduo e pelas necessidades psicológicas fundamentais. Sobre esse último ponto, Feather aparece como um autor-ponte entre Maslow e Schwartz. Mais adiante, notaremos que o sentido de si não é de modo algum inato, mas brota das relações com as circunstâncias portadoras de valores, e pode, também, evidentemente, resultar dessas últimas. Por fim, uma definição sintética, que faz parte das reflexões de Rokeach (1968) e das de Beauvois (1995), afirma que o valor é uma "crença compartilhada relativa ao que é desejável e útil, isto é, o que deve prescrever ou rejeitar, em matéria de comportamento e de finalidades" (BLOCH, DEPRET, GALLO, GINESTE, LECONTE, LE NY, POSTEL e REUCHLIN, 1997, 2, pp. 1352-1362). Além da referência à utilidade e à desiderabilidade, essa definição vincula claramente a noção de valor às normas sociais.

Valores e normas

A simples observação indica que os valores e as normas estão ligados entre si e que os valores têm uma função normativa, uma vez que prescrevem uma orientação geral das condutas. Por exemplo, o modo como nos exprimimos é normatizado e, subentende valores: Nós não somente sabemos que devemos falar desse ou daquele modo, mas também que seria bom fazê-lo dessa forma. Segundo Sherif (1936), as normas são prescrições que nos guiam no que concerne às maneiras de *pensar, perceber, sentir* e *agir*. Em outros termos, as normas enquadram o conjunto das atividades humanas. As pessoas não percebem, no geral, sua presença, uma vez que o *quadro* que elas fornecem é bastante amplo. As normas podem ser descritivas ou injuntivas. As primeiras caracterizam a percepção daquilo que a maior parte das pessoas faz; as segundas, a percepção daquilo que a maior parte das pessoas aprova ou desaprova (CIALDINI, KALLGREN e RENO, 1991).

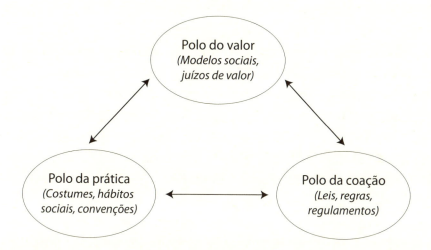

Figura 1.1 – *Os três polos da norma*

Segundo Nicole Dubois (1994, 2003; figura 1.1 extraída de TESTÉ, 2009), podemos ver claramente três polos na definição de norma em psicologia social: Um polo da coação, um da prática e um do valor. Em outros termos, falar de "norma" é fazer referência a um ou a outro, ou aos três polos simultaneamente. Ainda que os valores e as normas estejam vinculados, eles diferem, entretanto, quanto ao fato de que as normas se referem unicamente ao modo comportamental, e os valores remetem ao modo comportamental e às finalidades na existência ao mesmo tempo. Em outras palavras, as normas referem-se às situações específicas, os valores transcendem às situações. Por fim, segundo Rokeach (1973), os valores são, antes de tudo, pessoais, enquanto as normas são consensuais e externas à pessoa. Seria bom, então, dizer que os valores existem, de fato, a partir de sua internalização, antes de tudo percebidos como pessoais, enquanto as normas são percebidas como exteriores.

Segundo Rokeach (1973), os valores ancoram as normas e as atitudes. Segundo Shalom Schwartz (1977), as normas e os valores estão organizados em estruturas verticais que vinculam os valores a normas gerais que favorecem a sua realização, e a normas mais específicas que os articulam nas situações concretas (Figura 1.2). Em outros termos, no nível mais concreto e condicional encontram-se as normas específicas (ou situacionais), no nível mais abstrato e incondicional encontram-se os valores (transcendentes às situações). Por exemplo, o valor *igualdade* pode fazer parte das normas das relações entre irmãos, entre marido e esposa, entre professor e aluno etc. Decorre disso que um mesmo valor pode assumir diferentes significações segundo o contexto (entre outras, segundo a identidade e os objetivos das pessoas nas situações). Por isso, as normas comportamentais ligadas aos valores serão distintas e as pessoas serão levadas a agir de modo diferente.

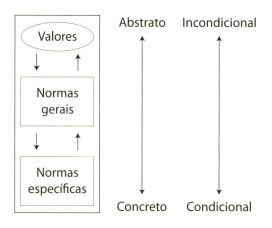

Figura 1.2 – *Vínculo normas-valores*

Nessa estrutura vertical, cada norma específica está ligada a normas mais abstratas e a valores aos quais ela dá sentido. Por exemplo, a norma: "As pessoas que estão presentes devem lançar-se à água para salvar uma criança que se afoga", pode implicar normas mais gerais que prescrevam a ajuda às vítimas inocentes e a interdição de assumir riscos inúteis, e valores como aqueles que afirmam ou valorizam a humanidade, a segurança e a vida. Mas, em certos níveis de abstração, as normas e os valores seriam igualmente vinculados horizontalmente, no sentido de que eles contribuem para a articulação das normas – ou dos valores – no mesmo nível. É o caso, por exemplo, que temos em Schwartz (1992), a articulação dos valores do *universalismo* (preocupação como bem-estar de toda a humanidade e da natureza) e os da *boa vontade,* (preocupação com o bem-estar das pessoas próximas).

Valores e atitudes

O termo "valor" é muitas vezes concebido como um sinônimo de "atitude", porque o objeto da atitude tem uma valência, ou uma *catexia* (CAMPBELL, 1963; JONES e GERARD, 1967; citados por ROKEACH, 1968, p. 124). Para Connie Kristiansen (1990), um valor, assim como uma atitude, pode ser concebido como uma disposição individual. A noção de atitude nasce no contexto da psicologia do comportamento; na psicologia social, ela vem definida como uma orientação geral de um sujeito em vista de um objeto dado. Ela não existe num vazio social, mas ancora-se em sistemas de categorias de pertença (DOISE, 1989). Diversamente dos valores, que são entendidos como disposições estáveis, as atitudes são mais maleáveis e instáveis (MAIO e OLSON, 1998). Segundo Rokeach (1973), cinco pontos diferenciam os valores das atitudes:

1) O valor é uma crença única, a atitude refere-se à organização de diversas crenças centradas sobre um objeto;

2) O valor transcende os objetos e as situações, a atitude relaciona-se a um objeto e/ou a uma situação;

3) Um valor é um "padrão-*standard*", uma atitude não o é: As avaliações favoráveis ou não dos objetos da atitude podem ser sustentadas por um número relativamente pequeno de valores que servem de padrão;

4) Uma pessoa tem tantos valores quantos os que *aprendeu* das finalidades desejáveis, e tantas atitudes quantas encontrou nas pessoas e nos objetos/situações específicas: Podemos então estimar o número dos valores em dezenas, e as atitudes em várias centenas;

5) Os valores são mais centrais nos sistemas cognitivos das pessoas, e por isso, podem determinar tanto as atitudes como os comportamentos. Em outros termos, um valor é mais fundamental que uma atitude, e às vezes, serve de base para ela (KRISTIANSEN, 1990).

Definições centradas nas funções: coordenação e justificação

Para Kluckhohn (1951), a função dos valores é guiar e coordenar as ações dos membros da sociedade. Os valores contribuem para a elaboração das condutas cooperativas, servindo, portanto, para o vínculo social. Eles são, por outro lado, definidos como construções cognitivas que servem para explicar as escolhas dos sujeitos (RENNER, 2003). Voltaremos ulteriormente a esse ponto, mas vejamos por um instante dois exemplos. Por ocasião da "solução final" em relação aos judeus, ela foi decidida em 1942, pelos dirigentes alemães e franceses; esses se apoiaram em alguns valores (em especial no fato de que os judeus ameaçariam os sistemas de valores nacionais). Numa outra ordem de ideias, depois de alguns anos, um discurso nacional em vista da segurança, desenvolveu-se na França. O realce desse valor permite explicar, ou justificar, as escolhas políticas, em especial, a restrição da liberdade.

Os valores e o valor? Utilidade e desiderabilidade

> A noção de valor social se distingue claramente dos valores humanos e filosóficos. Ela remete, por um lado, e de modo significativo, ao aspecto mais ou menos necessário das condutas sociais, e não é jamais independente das consequências, em

termos de sanções ou de reforçamentos, do juízo feito em relação a uma pessoa. (ROBERT, TARQUINIO, LE MANIO e GINGOUAIN, 1998, p. 156)

Nessa definição, como nas precedentes por outro lado, a palavra *valor* aparece às vezes no singular e às vezes no plural. Devemos a Jean Léon Beauvois (1995) a introdução da distinção entre *desiderabilidade* e *utilidade* social do valor. A desiderabilidade remete à sociabilidade (*valores calorosos*), bem como à moralidade (*honestidade*). Ela, a desiderabilidade, permite julgar ou avaliar até que ponto a pessoa-alvo pode ser amada. O valor de utilidade social refere-se ao funcionamento social; ele representaria o lado quase que econômico da avaliação, pode relacionar-se com o trabalho (escolar e/ou profissional). Por exemplo, uma pessoa de *status* elevado é avaliada, especialmente, em termos de utilidade (CAMBON, 2006). Apesar de uma pessoa poder ser julgada como socialmente desejável ou útil, os indivíduos tendem a atribuir mais facilmente valor de utilidade social a uma pessoa desejável, e atribuir menos facilmente essas referências quando elas julgam não o ser. Esses dois fatores não são forçosamente correlacionados, dependendo totalmente do contexto (JUDD, JAMES-HAWKINS, YZERBYT e KASHIMA, 2005). Além do mais,

[...] *as utilidades sociais podem ser ou vir a ser desejáveis sobre o único fundamento de que são utilidades sociais.* (BEAUVOIS, 1995, p. 276)

Essas duas dimensões têm um papel nas práticas avaliativas (PANSU e BEAUVOIS, 2004), e se expressam nos traços masculinos e femininos (DE WIT, 1963, p. 102). Os traços "masculinos" (estereotipicamente atribuídos aos homens) são aqueles que permitem ser bem-sucedidos socialmente, a ascender a um *status* elevado. Eles se relacionam à utilidade social. Os traços "femininos" (estereotipicamente atribuídos às mulheres) são os que permitem fazer-se apreciar por outrem, fazer-se amar. Eles relacionam-se mais à desiderabilidade social. Isso dado, a hierarquização das qualidades mais "masculinas" ou mais "femininas" não é monolítica, depende dos contextos (TESTÉ e SIMON, 2005). Se ampliarmos o campo, o enquadre ideológico aparecerá. Nicole Dubois demonstrou isso já em 1994, quando as pessoas que apresentam explicações internas (referindo-se às suas competências, à sua personalidade) são preferidas às que explicam os eventos em termos externos (o que lhe acontece deve-se ao azar, aos outros etc.). É que existe em nossas sociedades liberais uma *norma de internalidade*, uma valorização sistemática das explicações internas, independente de seu valor da verdade das explicações. Se essas pessoas são as preferidas, é porque as explicações internas são úteis socialmente, são portadoras de valor social (DUBOIS, 2006). Por fim, falaremos de "o" valor quando descrevemos pessoas, e de "os" valores quando falarmos de ideais.

Classificação

André Comte-Sponville perguntando-se quais seriam as:

> *Disposições do coração, do espírito (da mente) ou do caráter cuja presença, no indivíduo, aumentaria a estima moral (que a sociedade teria) por ele, e cuja ausência a diminuiria.* (1995, p. 10)

Isola dezoito valores (chamados, virtudes): Polidez, fidelidade, mais as quatro virtudes cardeais que são a prudência, a temperança, a coragem e a justiça. Seguem-se a generosidade, a compaixão, a misericórdia, a gratidão, a humildade, a simplicidade, a tolerância, a pureza, a doçura, a boa-fé, o humor e por fim, o amor sob as três formas (*eros, philia, agape*). O critério escolhido pelo autor é social: A estima de outrem e o que se refere à relação potencial entre as pessoas. Não há, *a priori*, uma relação de ordem nessa classificação, exceção feita de um critério que o autor descreve como pessoal.

2 – Spranger, Vernon e Allport

Segundo Eduard Spranger (1922, com tradução norte-americana de 1928), a avaliação *predomina* entre as características psicológicas dos indivíduos, e no modo de apreender o mundo. Ele considera seis dimensões, que não são obrigatoriamente independentes umas das outras. Por exemplo, um anel de noivado pode ser concebido como um objeto lindo e brilhante (avaliação *estética*), como sendo feito de ouro 14 quilates (avaliação *teórica*), como um objeto comprável/venal (avaliação *econômica*), como um símbolo do amor e da lealdade (avaliação *social*), como um emblema de direitos e deveres (avaliação *política*), e por fim, como um objeto que carrega em si uma significação mística (avaliação *religiosa*).

Tendo por base o pensamento de Spranger, Vernon e Allport (1931) propuseram uma classificação de seis famílias de valores: Valores *teóricos* (busca da verdade e do saber), valores *econômicos* (busca daquilo que é útil), valores *estéticos* (sensibilidade pela beleza, simetria e harmonia), valores *sociais* (simpatia, altruísmo, filantropia), valores *políticos* (gosto pelo poder e pela competição) e valores *religiosos* ou mesmo místicos.

3 – Uma classificação derivada de Vernon e Allport

Num curso disponibilizado na internet, Carfantan (2006) propõe uma classificação bastante próxima à de Vernon e Allport – pode ser que tenha se inspirado nela – para a qual ele não propõe nenhum ordenamento em particular.

Valores vitais

Esses valores não são mencionados por Vernon e Allport. Parece que a saúde é um dos primeiros valores citados pelas pessoas. Lembremos que no ano novo deseja-se uma boa "saúde" para as pessoas.[10] Ele, o valor "saúde" está associado à felicidade e à satisfação geral da vida (STOETZEL, 1983). A saúde está, provavelmente, vinculada a um valor central: *A vida* está vinculada, segundo Carfantan, ao *respeito pela natureza, e pelo meio ambiente*.

Valores intelectuais

Esses valores correlacionam-se aos *teóricos* de Vernon e Allport. Na França, o pensamento (e especialmente, após o *Século das Luzes,* o pensamento científico) parece ter sido grandemente valorizado.[11] Depois do Iluminismo, fomos *marcados* pela abordagem objetiva do conhecimento que constituiu a ciência como meio para desenvolver o conhecimento fora dos referenciais das posições religiosas:

---

10   Provavelmente, este seja mais um costume francês; entretanto, entre nós isso pode estar implícito em expressões das mais diversas (NT).
11   Sem dados empíricos mais precisos, talvez se pode dizer, que no Brasil, apenas em alguns ambientes o pensamento – e seus derivativos – receba algum apreço extraordinário (NT).

> A caminhada científica não usa o verbo crer; a ciência contenta-se na proposição de modelos explicativos provisórios da realidade; e ela, a ciência, está disposta a modificá-los assim que uma informação nova leve a uma contradição. (JACQUARD e PLANNÉS, 1999)

Ainda que não seja, de modo algum, algo bem visto apresentar ou requerer exigências intelectuais de alto nível ou de nível excessivo na sociedade (pode ser de bom-tom ridicularizar os telespectadores chamando-os de "intelectualoides da arte"). Entretanto, a seleção (avaliação) escolar é feita ainda a partir do intelecto. A escolha da matemática como instrumento de seleção não é apenas uma questão de facilidade (ou de objetividade), isso decorre do fato de que privilegiamos os valores intelectuais, sob o seu aspecto mais formal. Platão ordenara inscrever no frontão da Academia: "Ninguém entre aqui se não for geômetra", mesmo que para ele a formação estética e a educação física fossem importantes, o desenvolvimento da intuição e a arte do raciocínio em vista da aquisição da sabedoria foram colocados no topo do desenvolvimento humano (CARFANTAN, 2006). Para Carfantan, os valores intelectuais podem ser facilmente traduzidos em juízo moral, permitindo assim a oposição ao outro e mesmo a sua rejeição. Esse tipo de valor, vinculado à *verdade*, foi recentemente *ajuntado* por Wach e Hammer (2003) à estrutura circular de Schwartz (1992).[12]

---

12 Schwartz, a partir de quatro designações amplas (*conservadorismo, abertura à mudança, autotranscendência e autodesenvolvimento*) desenvolve um "círculo" de valores. SCHWARTZ, S.H. Universals in the Content and Structure of Values: Theoretical Advances and Empirical Tests in 20 Countries. Em: SCHWARTZ, S.H.; ZANNA, M. (Eds.) *Advances in Experimental Social Psychology*. San Diego: Academic Press, 1992 (NT).

Valores econômicos

Carfantan utiliza aqui a mesma designação de Vernon e Allport. O sucesso social é o exemplo-modelo desses valores, compartilhados, evidente e principalmente pelas sociedades liberais, nas quais os valores dominantes são o ganho, o lucro e o dinheiro. São, portanto, valores ligados ao ter. A propósito e como exemplo, a primeira resposta de uma pesquisa feita pela internet, com a palavra-chave *valor* (no singular ou no plural) remete à cotação da bolsa de valores.

Em economia, o valor é a propriedade que algo tem de proporcionar ao indivíduo a satisfação de uma necessidade. Nesse domínio, desde Aristóteles e depois com Adam Smith (1776), distinguem-se, classicamente, os valores de uso e o valor de troca. O *valor de uso* é a importância subjetiva que alguém atribui a um objeto, está embasado na utilidade e na necessidade ou no uso que se pode ter para o objeto. O *valor de troca* refere-se à possibilidade de as pessoas que têm em excesso objetos ou "valores" que têm valor de uso, de trocar por outros objetos que lhes faltem. O valor de uso está, portanto, relacionado à pessoa, às suas necessidades; o valor de troca refere-se à relação com outrem. O valor de troca de um objeto, na realidade, é determinado pelo tempo de trabalho necessário para produzi-lo. Ainda que na teoria não haja vínculo algum entre o valor de troca e o de uso (FEERTCHAK, 1996), existem objetos que têm valor de uso sem valor de troca algum? Para evitar dificuldades na troca (sempre desequilibrada, que é, a propósito, uma das características da troca) o valor de cada coisa é estimado tendo como referência um valor convencional, chamado *moeda*.

Valores estéticos

Aqui também, Carfantan utiliza a mesma designação de Vernon e Allport. Nas artes plásticas, especialmente nas gravuras e nos desenhos monocromáticos, o termo *valor* designa a quantidade de claro ou de sombra contida num tom (FROMENTIN, citado por MORFAUX, 1990); na escultura há um vínculo com as formas. Socialmente, falar de *valor* estético remete à apreciação atribuída a uma obra, a uma paisagem ou ao corpo humano (BRAUN, GRÜNDL, MARBERGER e SCHERBER, 2001). Esses valores são, portanto, relativos ao *belo* platônico.

Segundo Carfantan, os valores estéticos não estariam submetidos a um procedimento do pensamento dual tão forte como no caso dos valores morais, e o sentido estético seria muito mais nuançado. Isso parece um tanto quanto ilusório, uma vez que o *belo* faz parte de três valores essenciais e, por isso, ele é capaz de proporcionar reações arbitrárias tanto a nível interpessoal como intergrupos. Os valores estéticos variam segundo as épocas (MAISONNEUVE e BRUCHON-SCHWEITZER, 1981), podem influir nos juízos (o *belo* liga-se ao *bem*, em especial na percepção do outro; DION, BERSCHEID e WALSTER, 1972), mas também outros fatores do contexto vão igualmente influenciar a percepção do que seja belo. Ela, a percepção, depende da experiência do sujeito (WINKLER e RHODES, 2005) e do contexto de juízo, que servem de ancoragem para um juízo ulterior: As pessoas comparam, às vezes sem se dar conta disso, com objetivos diferentes.[13] Assim, um grupo de estudantes, tendo visto o episódio de uma novela (seriado) *Drôles de Dames*,[14] consideraram em

---
13 A palavra pode não ser lá muito elegante, mas é a expressão consagrada em psicologia social.
14 Comédia de mulheres! (NT).

seguida uma desconhecida (ou a sua própria colega) como menos atraente que aqueles que não viram o capítulo (KENRICK e GUTIERRES, 1980; KENRICK, GUTIERRES e GOLDBERG,1989).

Valores morais e religiosos

Parece que esses valores, em Carfantan, referem-se aos valores *sociais, políticos* e claro, aos valores religiosos de que falam Vernon e Allport. Trata-se da *grandeza*, da *correção*, da *honestidade*, da *veracidade*, da *coragem*, do *sentido elevado de responsabilidade*. O termo *valores morais* veio substituir aquele mais antigo, isto é, o termo *virtudes*.

Para Aristóteles, a *razão* é a primeira virtude, a virtude propriamente humana. Uma virtude, para o filósofo, é uma força que age ou que pode agir (a virtude de um medicamento é promover a cura). Ela tem uma potência específica (a virtude da faca não pode ser a mesma da enxada). A virtude de um ser é o que faz o seu valor, sua qualidade própria; ela é, por outro lado, independente dos objetivos: "A faca não tem menos virtude nas mãos de um assassino que nas mãos de um cozinheiro" (COMTE-SPONVILLE, 1995, p. 8). Dizemos que aquele que manifesta grandes qualidades morais – um homem *virtuoso* – tem o *sentido dos valores*. Corneille assinala que elas não provêm da experiência: "O valor não precisa de um grande número de anos" (*LE CID,* II, 2). Vistos sob esse ângulo, tais valores são concebidos como de natureza essencialista (eles se referem ao que seria a essência do ser humano – ROTHBART e TAYLOR, 1992); YZERBYT, JUDD e CORNEILLE, 2004). Corneille afirma, a propósito, que esses valores são intrínsecos à pessoa, de modo que são inatos (isso vale para as "almas bem nascidas").[15] Como para os demais valores, esses também sociais: Reconhecidos coletivamente, eles permitem que os grupos construam uma identidade forte. Assim, os *antigos deveres* das Associações de Construtores, supõem o compromisso com valores morais muito explícitos e claros (*Estatuto de Bologna,* 1248, *Manuscriptus Regius,* 1390).[16] Alguns valores morais têm uma dimensão política forte: Liberdade, igualdade, fraternidade, solidariedade, supremacia do direito etc. Os valores religiosos, por fim, podem ser acoplados aos morais, uma vez que são sustentados pela oposição *bem* e *mal*. O que crê faz seus certos valores que considera como a especificidade de sua religião. Entretanto, os valores religiosos não constituem apesar disso, uma categoria a parte, mas são um modo diverso de fundamentar os valores morais, apoiando-os sobre uma autoridade incontestável: A dos textos sagrados, a de Deus. Pelo fato de serem concebidos como constitutivos da humanidade, esses valores são também de natureza essencialista.

Valores afetivos

Esses valores não são mencionados por Vernon e Allport. O primeiro é o *amor* (do qual são próximas a amizade, a bondade, a compaixão). Segundo Carfantan, é muito difícil precisar o conteúdo de um valor afetivo, "ele fala antes ao coração que ao intelecto, mas ele *comanda* ainda assim de um modo forte e mais imperativo".

---

15   Há aqui uma certa ironia; podemos dizer talvez "nascidos em berço de ouro" (NT).
16   O *Estatuto de Bolonha,* ou *Carta de Bolonha* de 1248, e o *Manuscrito Régio* de 1390, seriam os primeiros documentos da maçonaria e visavam à proteção especialmente das profissões de pedreiro e de carpinteiro (*Tapia et Lignamiis*); constam neles os deveres, o juramento etc. (NT).

Podemos nos perguntar como um valor "falaria" mais ao coração que ao intelecto quando conhecemos a influência das preconcepções sem decodificações e a interpretação das emoções (SCHACHTER e SINGER, já em 1962). Os valores afetivos parecem ser, antes de tudo, mais pessoais que sociais (o aquecedor da minha sala de estar pertenceu aos meus avós, e eu o mantenho ali, mesmo que esteja arruinado. O seu valor não é econômico, mas afetivo; se o mantenho ali é porque as minhas lembranças de infância estão associadas a ele). Entretanto, se os valores afetivos são objeto de preferência pessoal, remetem também aos grupos sociais e mais amplamente, à cultura (a definição de amor, por exemplo, varia segundo as culturas e as épocas; LIPPA, 1994). Por fim, os valores e os afetos estão interligados, e podemos nos perguntar se seria legítimo usar o termo *valor afetivo* sem o risco evidente de se introduzir aqui uma ambiguidade suplementar. Salvo se considerarmos o valor *acordado* pelos indivíduos ou pelos grupos sociais (vinculado) ao afeto/emoção, mas não seria então melhor designá-los simplesmente de *emoções* ou *afetos*?

4 – A questão do vínculo afeto-valores

Os termos *avaliativo* e *afetivo* são às vezes tidos como sinônimos (PEETERS, 1999), sem considerar que confundimos facilmente *emoções, afetos e humor* (MAKIE e HAMILTON, 1993). A observação cotidiana assinala que os juízos de valor são amplamente *sustentados* pelas emoções, e que os valores podem destravar reações emocionais. No plano teórico vimos que os valores e os afetos são compreendidos como vinculados.

A adesão a um valor resultaria em mais que uma mistura de raciocínio e intuição direta na qual a afetividade desempenha um papel mais importante que a pura racionalidade (ROCHER, 1968, vol. 1, p. 76).

Essa carga afetiva forte que reveste o valor faria dele um fator de orientação na ação das pessoas e das coletividades. Além do mais, ela explica, pelo menos em parte, a estabilidade dos valores no tempo e a sua resistência à mudança. Por fim, ela explicaria o fato de que o universo dos valores comporta em si uma porção de ambiguidade e que valores até contraditórios possam até com alguma facilidade coabitarem: Os afetos perfazem os vínculos dos valores, ligação essa que muito dificilmente poderia ser sustentada somente pela racionalidade (ROCHER, 1968).

Rokeach (1960) colocou em evidência a ligação entre valores e afetos (mais especificamente entre os valores religiosos e o humor), mostrando que os que creem estariam psicologicamente mais relaxados que os não crentes. Quanto a Seligman e Katz (1996) eles demonstraram que a divergência na hierarquia de valores numa mesma pessoa está correlacionada com um humor negativo: Quanto maior a divergência, mais o humor é negativo. Maio e Olson (1998, p. 53), experiência 2, por fim, demonstraram que a correlação média entre o afeto e a importância atribuída ao valor é bastante elevada, os afetos explicam 29% da variância da importância atribuída ao valor. Para eles, o apoio original dos valores é muito mais afetivo que cognitivo, e é dessa base afetiva que os valores retiram a sua força. Entretanto, o fato de que os valores e os afetos estejam *ligados* não implica que seus efeitos sejam sempre comparáveis (TESSER e MARTIN, 1996).

*Um exemplo de relação entre
valores e emoções: As emoções morais*

As emoções morais são experimentadas logo após a avaliação moral de um comportamento. A culpa, a vergonha, o orgulho, são exemplos dessas emoções morais. Eles vinculam-se aos comportamentos ou aos eventos sociais (FAUCHER, 2007, p. 6). Realçamos dois tipos. As emoções *individuais* que são ligadas à avaliação dos próprios comportamentos e desaparecem logo, normalmente. As emoções *vicariantes* são sentidas quando alguém avalia o comportamento de outrem, geralmente próximo dele. Assim, se eu chamo a atenção que um amigo deixou um papel engordurado no chão, posso me sentir culpado, mesmo que nem tenha sido eu mesmo o autor do comportamento negativo. Por fim, as emoções *coletivas* são experimentadas depois de uma avaliação dos comportamentos de um grupo social ao qual pertencemos: Posso me sentir culpado ou envergonhado pelo fato de que os habitantes de meu país produzam muito CO^2, ainda que eu mesmo não seja responsável por essa situação (DARDENNE, 2008-2009). As emoções morais podem também me *propor* a manifestar o controle social (assinalar aos meus pares que os seus comportamentos contradizem as normas sociais em vigor). Peggy Chekroun e Armelle Nugier (2005) demonstraram também que quando alguém contradiz a norma social (numa ocorrência de trânsito, acender um cigarro num lugar não permitido) é rotulado como membro de um endogrupo;[17] as pessoas sentem mais fortemente as emoções morais que as conduzem a *emitir*

---

17 O termo *endogrupo* faz referência ao grupo ao qual pertence a pessoa. O termo *exogrupo* refere-se ao(s) grupo(s) ao(s) qual(is) não pertence a pessoa.

imediatamente elementos de controle social para com o desviante. Para elas, o fato de exercer o controle social é motivado pela vontade de restaurar uma identidade social ameaçada (as pessoas temem ser identificadas com o desviante).

Tabela de recapitulação

A Tabela 1.1 propôs as diversas classificações dos valores, sob o ângulo da filosofia e da psicologia. As cinco primeiras colunas os classificam segundo o seu tipo (na realidade a partir da tipologia platônica) e conforme o seu nível (segundo o fato de que os valores sejam básicos – instrumentais – abstratos e/ou do mais alto nível). A última coluna propõe uma outra classificação, relativa às suas funções (os dois últimos pontos serão desenvolvidos no próximo capítulo). Constatamos também que, o que não deveria causar espanto para ninguém, psicólogos como Vernon e Allport ou Spranger em quem eles se inspiram, desenvolveram as suas reflexões sobre uma classificação (dos valores) apoiando-se originalmente, na filosofia.

Essa tabela tenta precisar mais o vínculo potencial entre os diferentes valores. Porque ao *bem* correspondem os valores (morais, sociais, afetivos, religiosos e políticos), os valores vitais e políticos encontram-se nos limites do *bem* e do *verdadeiro*, então conclui-se que essa classificação poderia ser mais precisa uma vez que não é certo que os valores morais, por exemplo, não sejam relacionados senão ao *bem* platônico. Eles poderiam também relacionar-se ao *belo* e mesmo ao *verdadeiro*. Mas isso está muito relacionado a uma análise pessoal. Na realidade, seria necessário interrogar uma amostra bem representativa da população para se poder precisar mais essa proposta de classificação, que não acontece ou existe senão, provavelmente, em nossa cultura.

Filosofia			Psicologia		
	Classificação segundo o tipo		Classificação segundo o nível		Classificação segundo a função
Platão Lavelle (1950) O Verdadeiro	Carfantan (2006) *Valores intelectuais* *Valores econômicos*	Spranger (1922) Vernon e Allport (1931) *Valores teóricos* *Valores econômicos*	Rokeach (1973) *Valores instrumentais* *Valores terminais*	Schwartz (1992;1996) *Valores isolados (single)* *Valores de alto nível*	Kristiansen e Zanna (1988, 1994) *Orientação* *Justificação*
O Bem	*Valores vitais* *Valores morais* *Valores afetivos*	*Valores políticos* *Valores sociais* *Valores religiosos*			
O Belo	*Valores estéticos*	*Valores estéticos*			

Tabela 1.1 – *Uma classificação dos valores*

Capítulo 2

*As características
dos valores*

Origens

1 – Fundamentos motivacionais

A questão dos fundamentos motivacionais dos valores não é recente. Podemos encontrar traços dela já em Epicuro, mas especialmente em Maslow,[18] segundo o qual as necessidades biológicas estariam na base das condutas humanas. Para Newcomb, Turner e Converse (1970, apresentados aqui por FEERTCHAK, 1996) existiria um *continuum* que vai desde as necessidades (nível biológico) aos valores (nível abstrato), passando pelas motivações e atitudes.

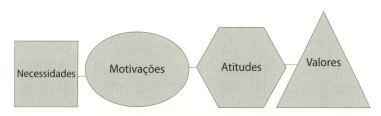

Figura 2.1 – *O continuum necessidades-valores* (NEWCOMB, TURNER e CONVERSE, 1970)

Segundo esses autores, na base dos comportamentos encontram-se as necessidades: Estados no organismo na origem de uma atividade geral (por exemplo: A fome). Na medida em que o sujeito vê uma resposta voltada para as suas necessidades pelos objetos de satisfação (o alimento), ele aprende que quando essa mesma necessidade

---

18 Esse aspecto será apresentado mais adiante.

aparece, ele deve buscar esses objetos ou objetivos-fins. A *motivação* se caracteriza, por sua vez, pela mobilização de energia e pela existência de um objetivo ou fim. A motivação liga uma necessidade a um objeto ou fim. A necessidade não é aprendida, mas ao contrário, o objeto da necessidade é (não aprendi a ter fome, mas aprendi o que devo comer).

As *atitudes* são definidas como estados gerais de disposição para um comportamento motivado. As motivações e as atitudes diferem pela sua duração e pelo seu nível de generalidade: Uma motivação é específica e dura enquanto a necessidade não for satisfeita; uma atitude é mais geral e mais duradoura. Quanto aos valores, eles resultam também de uma aprendizagem de longa duração: As atitudes organizam-se em torno de um "núcleo de convicções fortes" guiado por numerosas atividades (FEERTCHAK, 1996, p. 97). Os valores são assim objetivos mais amplos em torno dos quais se organizam diversas estruturas de atitudes. O que os diferencia em termos de fins e dos objetivos é que essas últimas são sempre concretas e singulares, já os valores são abstratos e gerais (BAECHLER, 1976). O esquema de Newcomb *et al.* (1970) é unidirecional, o que implica, por exemplo, que os valores *decolam* das atitudes, mas que essas últimas não podem derivar dos primeiros. Ora, se os valores e as atitudes são vinculados não há *a priori* razão alguma para que essa relação seja unívoca. Mais provavelmente, como é o caso na maioria das vezes, quando nos interessamos pelos mecanismos psicossociais, devemos falar de um *gancho* de retroação. Com isso, conclui-se que o *continuum* proposto por Newcomb e seus colegas nos leva a passar de um nível mais restrito e contextualizado (necessidades) para um nível mais geral e *a priori* descontextualizado (valores). É por aprendizagem que o indivíduo passa do nível das necessidades ao dos valores. Num estudo sobre o vínculo entre necessidades e valores, apoiando-se na classificação de Maslow (1943; 1954; 1955), Bilsky e Schwartz (1994) classificaram os dez tipos de valores apresentados por Schwartz tendo por base o fato de que eles apresentam ou representam as necessidades do crescimento (*growth needs*) ou as de deficiência ou de carência (*deficiency needs*). As primeiras continuam sendo buscadas mesmo quando se atinge um alto grau de satisfação (o prestígio que se lhes atribui é muito gratificante para a pessoa, por isso, ela continuará a procurá-las). As segundas seriam expressas principalmente em situação de carência. Uma vez que os sujeitos estiverem satisfeitos, essas necessidades desaparecem. Por exemplo, quando a necessidade de segurança for satisfeita, as pessoas cessam de buscá-la. Para Bilsky e Schwartz, os valores *autonomia, boa vontade, sucesso, estimulação* e *universalismo* são representantes de necessidades do crescimento, enquanto os valores de *conformidade* e de *segurança* seriam representativos das necessidades de carência. Por fim, considerar as necessidades como na base dos valores leva a pensar que elas poderiam ser "naturais".

Ora, é surpreendente associar as palavras *valores* e *natural*, ou considerar os valores como naturais, uma vez que falar de valores refere-se aos "princípios precisamente superiores a toda referência ao funcionamento de um conjunto natural" (TOURAINE, 2002, p. 65). Portanto, apoiando-se nos estudos de Mauss, Caillé (2002) considera o *dom* como o primeiro de todos os valores, de onde decorreriam todos os demais. Nesse sentido, essa primeira obrigação de toda a sociedade humana é natural, mas ela é também "cultural, uma vez que para o ser humano a natureza é a cultura". Finalmente, tem-se a impressão de se estar diante de um raciocínio paradoxal (os valores são naturais porque eles são culturais). Nesse sentido, seria muito melhor colocar a questão em termos de aprendizagem.

2 – Fundamento social: aprendizagem

> As coisas contentam-se com ser, elas não são nem verdadeiras e nem falsas, nem justas e nem injustas, nem boas e nem más, nem feias e nem belas, fora dos condicionamentos do sistema nervoso humano que faz com que elas se achem de tal modo. As coisas são. Segundo a experiência que temos delas, que varia com a nossa classe social, com a nossa herança genética, nossa memória semântica e pessoal, nós as classificamos hierarquicamente numa escala de valores que não é outra coisa que a expressão de nossos inúmeros determinismos. (LABORIT, 1970, p. 16)

A *virtude*, como pensada por Aristóteles, é uma maneira de ser, adquirida e duradoura: Ela é o que somos, não porque ela esteja em nossa essência, mas porque nós nos tornamos (isto) (COMTE-SPONVILLE, 1995). A aquisição dos valores parece seguir estágios bem específicos. Assim, para Piaget (1932, citado por VANDENPLAS-HOLPER, 1999), a evolução do *sentido* moral na criança passa de uma *moral heterônoma* (a criança percebe as regras como intangíveis, sagradas e emanadas de uma autoridade exterior à qual ela respeita de modo unilateral) para uma *moral autônoma*, resultante das relações de cooperação, do desenvolvimento de um respeito mútuo.[19] Para Kohlberg (1976), as formas morais constituem os princípios

---

19 Ainda que se possa compreender o termo "sentido moral" no contexto, seria melhor termos em mente que, o que Piaget está discutindo é o "juízo moral" ou a capacidade de avaliação da criança e do uso que a mesma faz dos instrumentos socioculturais (NT).

organizadores das configurações do pensamento, e não as crenças ou as opiniões morais específicas. Elas (as formas morais) são aprendidas, mas não independentes umas das outras, isto é, das crenças. O juízo moral é por natureza prescritivo: Ele se refere ao que deve ser, aos direitos e às responsabilidades e não aos gostos ou preferências pessoais. Kohlberg descreve seis *estágios* de desenvolvimento moral que, por sua vez, se articulam em torno de três níveis de moralidade.[20] Em cada nível, o sujeito adota uma perspectiva particular. No nível da *moralidade pré-convencional* ele se considera como um indivíduo; no nível *convencional*, como um sujeito membro da sociedade; por fim, no nível *pós-convencional*, como um sujeito anterior à (ou acima da) sociedade e que orienta a sua conduta em função de princípios morais gerais e universais. O modelo de Kohlberg privilegia a autonomia, a imparcialidade e a justiça, e foi criticado por outros estudiosos, entre os quais Carol Gilligan (1982), que pensa o modelo como muito contaminado por estereótipos masculinos; mas de um modo mais amplo, ele estaria vinculado à ideologia dominante das sociedades liberais. Desde a infância, os valores são inculcados no indivíduo, e são impostos a ele como uma evidência, um absoluto que ele não pode pôr em questão (MENDRAS, 1967). Mas eles não são senão imposições do *ambiente* próximo; eles são adquiridos no geral, através das relações com as outras pessoas, e entre essas relações, pelo uso de mediadores dos brinquedos ou do jogo; eles se desenvolvem pela multiplicidade das experiências pessoais (TRIANDIS, 1979, p. 210), sendo que os processos de socialização são contínuos.

---

20   O autor usa o termo "estádio", entretanto, preferimos "estágio", pela conotação semântica mais flexível e que se relaciona à sequência em termos de tempo e de crescimento dinâmico ligando organicamente o anterior ao sucessor (NT).

Bar-Tal e Harel (2002) demonstraram que em Israel alguns professores são agentes de socialização de valores ideológicos. Os mestres mais influentes são especialmente os das ciências humanas e sociais, quando se compara com os das "ciências exatas" e com os da biologia. De fato, parece que não somente o conteúdo da matéria esteja em jogo. É necessário levar em conta a maneira pela qual os professores representam para si a sua função: Os primeiros se definem antes de tudo como educadores, os demais como especialistas (*experts*). Os primeiros são também mais progressistas e menos tradicionais em suas atitudes educativas, mais democráticos e maleáveis em suas atitudes políticas, e com isso, mais envolvidos e abertos quanto à política. A influência desses professores *vale*, sobretudo, para os estudantes de mais idade (de um lado, porque esses professores seriam mais interativos com os estudantes de mais idade, por outro lado, porque esses últimos têm mais interesse pela política).

Astill, Feather e Keeves (2002) buscam determinar o que da escola, dos pais e dos pares (colegas) influencia o aluno em termos dos valores. Tendo por base o sistema de Schwartz (1992), eles demonstraram claramente a influência primordial dos valores dos pais e dos grupos de colegas (também BÜCHER, 1998). Eles mostraram o efeito do *status* social dos pais e de suas crenças religiosas (aqui, no caso, cristãs). A influência dos pais é especialmente forte sobre os valores relacionados ao *conservadorismo*, esses mesmos valores, por outro lado, no geral, vinculados à religião (SAROGLOU, DELPIERRE e DERNELLE, 2004; SCHWARTZ e HUISMAN, 1995). Entretanto, para Harris (1995), os comportamentos dos pais podem ter um efeito direto sobre o desenvolvimento das características de seus filhos; ela propõe uma explicação em termos de socialização coletiva. Para ela, os processos de grupo, a identificação como grupo dos pares e a conformação com as normas e com os seus valores são essenciais na transmissão cultural.

Levy, West e Ramirez (2005) se interessaram pelo desenvolvimento da ética protestante, PWE,[21] cujo núcleo ideológico seria "trabalhar duro para obter sucesso". Por exemplo, eles demonstram que a PWE teria em sua origem uma *significação igualitária* para as crianças menores, mas com o avanço da idade, aumenta o sentido ou a significação da discriminação (Figura 2.2). Eles pensam, os estudiosos mencionados acima, que isso viria do fato de que as crianças teriam sido menos expostas à – e utilizaram menos a significação – justificação das desigualdades que está imbricada na PWE (*se não somos bem-sucedidos, é porque não trabalhamos o suficiente, por isso, a situação em que nos encontramos é legítima*). Na mesma ordem de ideias, eles demonstram que muitos adultos *contaminados* pela PWE utilizam prioritariamente argumentos que permitem justificar as desigualdades sociais.

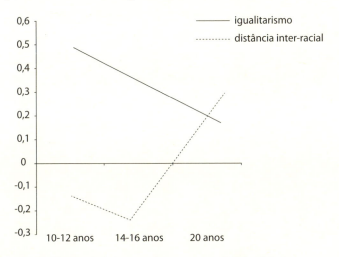

Figura 2.2 – *Correlação entre PWE e idade*

---

21 PWE – *Protestant Work Ethic.*

Refletindo os funcionamentos institucionais (SPRANGER,1913, citado por HELKAMA, 1999, p. 61), os valores são também aprendidos e internalizados (BEAUVOIS e DUBOIS, 1999). A internalização dos valores segundo o proposto por Jones e Gerard (1967) leva em conta o fato de que a pessoa faz seus os valores da sociedade em que ela está inserida e que seus comportamentos aceitáveis são percebidos como motivados por fatores internos e não pela antecipação de consequências externas (GRUSE e GOODNOW, 1994). Por exemplo, alguém não rouba porque ele pensa que o ato é um mal em si, internalizou esse valor. Ao contrário, se ele não rouba por temor de vir a ser preso, não houve, provavelmente, a internalização desse valor; o que, obviamente, não significa que o sujeito não tenha internalizado outros valores. Assim, para que um valor seja internalizado, "sua manifestação comportamental deve vir de uma crença aparentemente natural e inata em sua (da pessoa) conformação com as regras" (GRUSEC, 1999, p. 279). Por fim, no processo de socialização, a pessoa aprende quem ela é e quais são os seus valores.

II
Hierarquia, estrutura e medida dos sistemas de valores

1 – Hierarquia

A questão da hierarquia dos valores (ou, nesse caso mais preciso, das necessidades) já vem sendo posta há muito tempo. Por exemplo, Epicuro (fim de 342 ou início de 341-270 a.C.) lembrava que teríamos quatro tipos de necessidades que parecem estar hierarquizadas. Ele, a propósito, distingue as necessidades "naturais" (indispensáveis para a vida); as aspirações "naturais" as quais podemos, em tese, dispensar; as aspirações de criação humana, isto é, artificiais; e as aspirações místicas e não realizáveis. Algumas necessidades levantadas por ele são na realidade valores (*sabedoria*, por exemplo). Mais que em Epicuro, é especialmente em Abraham Maslow (1943) que vemos aparecer a questão da hierarquia das necessidades, algumas sendo na verdade, valores. Segundo Maslow, as necessidades estão hierarquizadas de modo piramidal; em sua base estão as necessidades biológicas.

Assim, a satisfação de uma necessidade "superior" não pode ter lugar senão depois que uma necessidade "inferior" tenha sido satisfeita. Em outros termos, só depois que as necessidades fisiológicas tenham sido satisfeitas (alimentação, água, repouso...) é que o ser humano vai em busca de segurança (em nível familiar e societário). Uma vez essa necessidade satisfeita (a segurança), ele buscará a satisfação das necessidades de pertença (crianças, amigos, amor...). Esse modelo implica em si, entretanto, pressupostos.

Figura 2.3 – *A pirâmide dos valores de Maslow*

O primeiro é que uma pessoa não buscaria satisfazer as necessidades da identidade se suas necessidades fisiológicas não tivessem sido satisfeitas. Entretanto, podemos muito bem buscar a estima de outra pessoa antes da alimentação, e mesmo morrer na defesa de valores. Em outros termos, as necessidades de realização podem vir antes das necessidades biológicas: Lieury (2008) assinala que durante as suas pesquisas, Marie Curie foi encontrada muitas vezes desmaiada por falta de alimentação.

O segundo pressuposto postula uma coerência entre as necessidades. Entretanto, a necessidade de estima pode levar a negligenciar a necessidade de segurança através de atividades perigosas, mas socialmente valorizadas. Em contrapartida, não há diferenças nítidas entre as necessidades: A compra de uma veste ou de um relógio pode corresponder ao mesmo tempo a uma necessidade de pertença (ser reconhecido como membro de um grupo) e a uma necessidade de estima de si, e até mesmo à necessidade de realização. Outro aspecto diz respeito à natureza das necessidades: Se podemos considerar a segurança como uma necessidade, ela não é, claro, uma necessidade da mesma ordem que as necessidades fisiológicas; ela pode ser entendida como uma necessidade no nível material e no nível social. Por outro lado, ela é também definida por Rokeach e por Schwartz como um valor. Quanto ao *amor*, ele é também um valor.

Por fim, esse comentário vale para todo o modelo que *tradiciona* toda uma ideologia. É um modelo, mais implícito, de ser humano "inferior" e/ou "superior", muito impregnado pela cultura ocidental e pela ideologia liberal (a *realização de si* colocada no topo da pirâmide). Simples, imediatamente compreensível, fazendo eco à ideologia liberal, isso não foi, com certeza, por acaso muito utilizada no marketing e na administração empresarial.

Os valores mesmos são hierarquizados segundo a sua importância e os interesses do momento. Para alguns, a *verdade*, a *beleza* e a *liberdade* seriam os primeiros; a *ordem* e a *propriedade*, os últimos; para outros ainda, isso seria o inverso (ROCKEACH, 1968; SCHWARTZ e STRUCH, 1989, p. 161). Nossos juízos fazem sempre referência a uma escala de valores, refletem quem somos – ou o que cremos ser em todos os casos – individualmente e como membro do grupo ou da sociedade. Por exemplo, a questão da hierarquia dos valores encontra-se nas crenças relativas ao "após a vida ou o além". A respeito da questão: "Aonde vão os mortos?". A resposta é, aliás, recente relativamente: "Para o céu ou para o inferno", isto é, para as entranhas da Terra (WERBER, 1994, p. 142).[22]

---

22 Os romances de Werber são, ao mesmo tempo, uma excelente "vulgarização" científica.

Tudo acontece como se as pessoas representassem para si as coisas ao longo de um eixo vertical: O *bem* para o alto e *mal* para baixo; pelo menos na acepção católica, uma vez que para os gregos antigos, os infernos eram simplesmente o lugar de moradia dos mortos. Em *Desconstruindo Harry* (WOODY ALLEN, 1997), quanto mais o ascensor se aproxima "do país dos mortos" mais abaixo da superfície da Terra está, tanto mais o defunto teve presente gestos culpáveis. A nível mais baixo, bem abaixo dos crimes previstos na legislação comum e dos crimes de guerra, encontram-se os advogados.[23] A hierarquia dos valores é de fato, muito variável. Ela pode até mesmo variar para um mesmo indivíduo, dependendo do contexto em que ele se encontra. Assim, Seligman e Katz (1966) demonstraram que a hierarquia dos valores, numa mesma pessoa, varia segundo o fato de ela refletir sobre os seus valores da vida em geral, ou então, relativamente a um tema bem preciso (por exemplo, o aborto). Os valores são organizados, as pessoas escolhem os valores pertinentes para o tema desenvolvido. Por fim, numa mesma pessoa, a hierarquia de valores varia segundo o nível de identidade pessoal ativado, na conjetura segundo o que ela é realmente (*actual-self*) ou segundo o que ela deva ser (*ought-self*).

2 – Estrutura

Os valores relacionam-se entre si por uma hierarquia. Eles formam, também, uma estrutura de significação. Em outros termos, eles formam sistemas, que a propósito, são bastante flexíveis:

---

[23] Essa representação dos advogados encontra-se em inúmeras comédias de proveniência dos Estados Unidos, e deve, claro, correlacionar-se a esse contexto sociocultural particular, no qual a lei e os advogados desempenham um papel preponderante.

Coletivamente, os sistemas de valores são construções complexas cuja geometria é variável, às vezes no espaço (diferenças culturais), às vezes no tempo (diferenças históricas). Eles são mutáveis e não são de modo algum uma unanimidade e, entretanto, eles não são nunca neutros. (CARFANTAN, 2006)

Vernon e Allport (1931) demonstraram que os valores *econômicos* e *políticos* estariam vinculados, como o estariam os valores *sociais* e *religiosos*, e além do mais, também estariam profundamente relacionados os valores *estéticos* e *teóricos*. Por outro lado, os valores *sociais* e *religiosos* opõem-se aos *teóricos*; e os valores *econômicos* e *políticos* opõem-se aos valores *estéticos* e *religiosos*. Parece que, já desde 1931, podemos falar em termos de proximidade, de distância, entre os valores.

3 – Como medimos a estrutura dos valores? Uma abordagem intuitiva

Falar de estrutura de valores implica na consideração de que os valores estão unidos por vínculos de proximidade. Mas como podemos medir a distância entre valores? Apresentaremos aqui, sucintamente, os diferentes instrumentos utilizados no domínio da *medida da distância* percebida entre os conceitos ou pessoas, utilizados também nas pesquisas sobre sistemas de valores. Não é o caso de desenvolver aqui uma apresentação detalhada de cada técnica (inúmeras obras sobre esse assunto estão disponíveis). Trata-se antes de explicar, intuitivamente, como os psicólogos abordam a questão.

Comecemos por um pequeno *desvio* pela geometria, tendo por base o teorema de Pitágoras (569-494 a.C.). Tomemos o caso de dois sujeitos, dos quais conhecemos a altura e o peso, e gostaríamos de determinar a distância entre esses *valores*. Duas medidas da distância entre o sujeito 1 (S1) e o sujeito 2 (S2) são possíveis: Ou tomando por base o teorema de Pitágoras (seguindo a fórmula $a^2 = b^2 + c^2$) ou pela medida do ângulo **α**. Entretanto, as medidas de distância euclidianas e por angulação não são equivalentes, senão em variáveis estandardizadas e nunca para distância entre sujeitos.

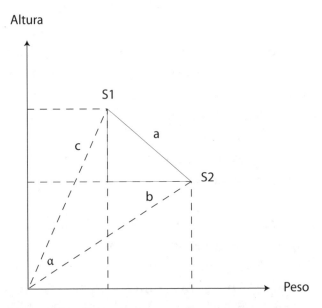

Figura 2.4 – *Medidas de distância*

Esse caso é bem simples, uma vez que temos duas observações ou dados. Mas como lidar quando temos – o que é o caso das pesquisas da psicologia social – diversos sujeitos e diversos conceitos? É necessário voltar às obras de Osgood, para quem a significação de uma palavra não está tanto em seu significado léxico, mas muito mais nas reações emocionais e comportamentais que ela provoca. Segundo ele, a significação efetiva de uma palavra pode estar situada num espaço com **n** dimensões (em geral, duas dimensões). Osgood, Suci e Tannenbaum (1957) colocam assim em evidência a predominância da dimensão valor na significação dos conceitos (Apresentação de Kerlinger, 1973). Eles têm em vista um instrumento chamado de *diferencial semântico*,[24] constituído por diversas escalas bipolares (em geral sete pontos) que permitem que se meça a significação dos conceitos relativamente a diversas dimensões. A Tabela 2.1 apresenta um exemplo de escalas do diferencial (aqui a propósito da palavra *homem*), e um exemplo das dimensões extraídas de modo geral. Os adjetivos escolhidos para descrever o objeto devem satisfazer dois critérios: A representatividade dos conceitos e, claro, a sua relação com a pesquisa. Não discutiremos em detalhe, as questões que se apresentam para o uso do diferencial. Digamos, rapidamente, que temos questões quanto às escalas utilizadas, a sua pertinência, e por decorrência a sua seleção. Um outro problema é o das falsas bipolaridades: Os adjetivos devem ser claramente antônimos, o que não é o caso muitas vezes.

Tabela 2.1 – *Exemplo de escalas e dimensões*

Escalas do diferencial semântico								
"Homem"								
Bom	1	2	3	4	5	6	7	Mau
Ativo	1	2	3	4	5	6	7	Passivo
Forte	1	2	3	4	5	6	7	Fraco
As três dimensões extraídas								
Atividade			Poder			Avaliação		
Ativo-passivo			Grande-pequeno			Bom-mau		
Esperto-tapado			Lento-rápido			Bonito-feio		
Rápido-lento			Forte-fraco			Limpo-sujo		

---

24 Normalmente, esse instrumento é chamado de "diferencial semântico de Osgood" (NT).

Mas retornemos à questão inicial: Como comparar a distância entre dois conceitos? A resposta é simples: Ou comparamos as médias ou calculamos o D de Osgood.[25] Quanto mais o D for *fraco*, mais os conceitos se aproximam no espaço semântico, mais a sua significação é semelhante. Eis um exemplo (KERLINGER, 1975, pp. 568-573): Suponhamos duas matrizes de resposta de um sujeito que tenha estimado a significação de 5 conceitos (A-E) sobre 6 escalas (1-6) no diferencial semântico. Qual é a distância entre os conceitos A e B? Apliquemos a fórmula de Osgood: $D_{AB} = \sqrt{(6-2)^2 + (5-2)^2. + (5-3)^2 + (6-2)^2} = \sqrt{106} = 10,3$. Calculando todas as distâncias entre os conceitos, chegaremos à elaboração de uma matriz triangular (Tabela 2.2). Lembremos que quanto mais o D for menor, mais os conceitos são percebidos como próximos. Assim, A e B são percebidos como mais distanciados que A e D; e a distância entre A e C é quase a mesma que a distância entre A e D. Teríamos chegado à mesma conclusão com o cálculo das médias.[26]

Conceitos					
Escalas	A	B	C	D	E
1	6	2	6	5	3
2	5	2	5	5	2
3	6	1	4	6	2
4	7	1	5	6	3
5	5	3	5	7	1
6	6	2	7	7	2
Média	5,83	1,83	5,33	6	2,17

	A	B	C	D	E
A					
B	10,3				
C	3,00	8,89			
D	2,65	10,44	3,16		
E	9.06	3,16	8,19	9.95	

Tabela 2.2 – *As respostas individuais para a matriz da distância*

---

25 $D_{ij=\sqrt{\Sigma(xi-xj)}}{}^2$ que é na realidade a medida da distância geométrica inventada por Euclides há uns 2300 anos.
26 Ma = 5,83; Mb = 1,83; Mc = 5,33; Md = 6 Me = 2,17.

No exemplo, o pesquisador se interessa pela resposta de um sujeito. Com o mesmo método pode-se *tratar* um conjunto de respostas de diversos sujeitos. Temos mais interesse no método: Ele permite controlar imediata e globalmente, as proximidades entre os conceitos. Osgood e seus colaboradores demonstraram também que as palavras são sustentadas por três fatores, na ordem *valor, poder, atividade*. Estas três dimensões, ao que parece, são encontráveis em todas as culturas. A seguir, Osgood e seus colaboradores, as reduziram em duas dimensões (*avaliação* e *dinamismo*; exemplo de CAMBON, DJOUARI e BEAUVOIS, 2006). Assim, quando alguém se interessa pela significação subjacente das palavras, o primeiro fator é sempre o valor, a avaliação.

A Figura 2.5 apresenta um exemplo do uso do espaço bidimensional no qual são situados os diferentes conceitos relativos à escola (KERLINGER, 1975, p. 568): As palavras *diretor da escola, inspetor,* e *disciplina* são percebidas como próximas umas das outras e remetem essencialmente ao fator *poder*. Por outro lado, as palavras *professor, estudo, ensinar* e *escola* são percebidas como próximas, remetendo essencialmente ao fator *avaliação*.

Figura 2.5 – *Espaço semântico relativo à palavra "escola"*

Outros instrumentos como o *MDSCAL* (*Multidimensional SCAling*; KRUSKAL e WISH, 1978) estão disponíveis. Seu ponto de partida é simples: Como construir um quadro de distâncias entre cidades? 1) toma-se um mapa; 2) uma medida (padrão de medida); 3) converte-se em quilômetros. Obtém-se assim uma matriz simétrica das distâncias entre as cidades. A *MDSCAL* responde à questão inversa: A partir da matriz das distâncias, como construir um mapa?

Como pelo diferencial semântico, a coleta dos dados é feita por escalas bipolares. As aplicações concretas, entretanto, são mais complicadas. Em especial, aparece o problema do número de dimensões do "mapa". Duas dimensões seriam suficientes para se ter uma boa representação das coisas? O pesquisador dispõe de um indicador estatístico chamado de *stress* que apresenta uma aproximação da melhor adequação do espaço obtida. É possível, por outro lado, trabalhar com instrumentos não paramétricos e tratar os dados alfanuméricos recolhidos por associação livre. Sem entrar nos detalhes, o cálculo é feito a partir da frequência das similitudes das palavras associadas (em agrupamentos ou coletas sucessivas) pelo uso do *Índice de Ellegard*, embasado sobre o número de palavras comuns (n_c) a dois índices e o número de palavras diferentes em cada índice (n_1 e n_2).[27] Assim, a análise dos espaços obtidos por associação livre mostrou, desde projeções de uma história em quadrinhos, que a imagem da mulher seria mais próxima da do homem, diversamente de como havia sido percebida inicialmente e *vice-versa*: A mulher passou a ser percebida como mais masculina, e o homem como mais feminino (MORCHAIN, 1982).

---

27 Índice de Ellegard $r_n = n_c / \sqrt{(n_1 \times n_2)}$.

4 – Estrutura dos valores em Rokeach e em Schwartz

Milton ROKEACH (1973) pensa que os valores sejam estruturados seguindo o que eles são, considerando a terminologia de Lovejoy (1950), *terminais* ou *instrumentais*.[28] Trata-se de uma estruturação vertical (Figura 2.6, obtida da obra de Rokeach, 1968, p. 162).

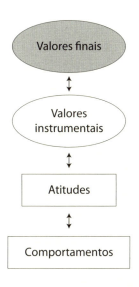

Figura 2.6 – *Estrutura dos valores*

Um *valor instrumental* pode ser expresso desta maneira: "Penso que tal modo de comportamento é pessoal e socialmente preferível em todas as situações, para não importa qual seja o objetivo". Um *valor terminal* pode ser expresso assim: "Penso que isso valha a pena de

---

28 O termo *"terminal"* relaciona-se com várias situações (linha de trem e ônibus, contabilidade etc.); o autor manteve praticamente o termo inglês, e o seguimos uma vez que em si a ideia veiculada pelo termo é clara; poderia eventualmente ser traduzido por "valor último" ou mesmo "valor de objetivo", mas cria ainda mais confusão (NT).

lutar pessoal e socialmente, por esse ou aquele objetivo da existência". Os valores terminais representam, portanto, os objetivos que podemos ter na existência e são qualificados por *substantivos*. Os valores instrumentais remetem a modos de conduta, a qualidades morais, e são qualificados por *adjetivos* (WACH e HAMMER, 2003b). Eles permitem atingir os valores terminais, que podem ser autojustificantes, isto é, não necessitam de outra justificativa para eles mesmos. Por exemplo, uma pessoa que protesta violentamente opondo-se ao aborto justificará a sua posição com a expressão "a vida é sagrada", e não tem necessidade de justificar antecipadamente a sua proposta (TETLOCK, PETERSON e LERNER, 1996). O apelo ao valor terminal é suficiente por si mesmo. Esses valores autojustificantes, ao que parece, remetem a núcleos ideológicos ou a um *nexus*, e são muito provavelmente, bem carregados afetivamente. A fim de circunscrever o universo dos valores das pessoas, Rokeach elaborou um "inventário de valores" (*Rokeach Value Survey*), composto de 36 valores entre os quais valores instrumentais (a *ambição*, a *tolerância*, a *polidez* etc.) e valores terminais (*liberdade*, *harmonia interior* etc.) sãos os de mais alto nível. A escolha dos valores instrumentais foi feita através do uso de uma lista de 555 palavras relacionadas aos traços de personalidade conotados mais ou menos positivamente (ANDERSON, 1968); essas palavras foram *geradas*, por sua vez, de uma lista de mais de 18.000 traços compilados por Allport e Odber (1936, citados por ROKEACH, 1973) da qual foram eliminadas as palavras *extremadas*, as palavras relativas às características físicas, a um estado temporário da vida humana, as que tinham a sua significação fortemente relacionada a sexo, assim como palavras pouco familiares. Rokeach não manteve igualmente, senão, palavras positivas, e esforçou-se por manter os valores que tinham algum sentido em todas as culturas e os que podemos nos atribuir sem que com isso pareçamos *pretensiosos*. A escolha dos valores terminais foi feita por uma revisão da literatura que está intimamente relacionada a valores, por uma coleta de informações junto a 30 estudantes do segundo ciclo da psicologia[29] e a partir de uma amostra representativa de 100 adultos. Os sinônimos, os valores que terminologicamente se sobrepunham, valores muito específicos e os que não representavam um objetivo na existência humana, foram eliminados.[30]

> O quadro a seguir traz 18 valores apresentados em ordem alfabética. Sua tarefa consiste em ordenar segundo a importância que eles têm para você enquanto princípios que guiam a sua vida. Cada valor está expresso por uma etiqueta que se destaca facilmente a fim de ser colocada numa das *casas* à direita da página. Leia cuidadosamente a lista completa dos valores; depois escolha o primeiro, aquele que é o mais importante para você; descole a etiqueta e afixe na *casa* 1 da coluna da direita. Depois, faça a mesma coisa para todos os valores restantes. O valor de menor importância deverá figurar na *casa* 18.
>
> Você pode trabalhar calmamente e de modo refletido. Se você mudar de opinião, você é livre para mudar a sua resposta: As etiquetas se destacam facilmente e podem ser deslocadas de uma *casa* para outra. O resultado desse trabalho deverá mostrar claramente o que você pensa e sente de verdade.

---

29 Mestrado ou licenciatura (NT).
30 Nesta obra de Pascal Morchain temos a informação de que a tradução para o francês do *Rockeach Values Survey* teria sido feita por Monique Wach e Béatrice Hammer (2003).

Valores terminais	Valores instrumentais
Uma vida confortável (uma vida próspera e facilitada)	Ambicioso (trabalhando duro e de boa vontade)
Uma vida apaixonante (uma vida estimulante e ativa)	Grandeza de espírito (mente aberta)
O sentimento de ser bem-sucedido (desempenhar um papel importante)	Competente (capaz, eficaz)
Um mundo em paz (mundo sem guerra e nem conflitos)	Alegre (animado, jocoso)
Um mundo de beleza (beleza da natureza e das artes)	Asseado (em ordem, cuidadoso)
A igualdade (fraternidade, chances iguais para todos)	Corajoso (buscando compartilhar as suas convicções)
A segurança familiar (cuidar dos seus, dos que lhe são caros)	Indulgente (capaz de perdoar)
A liberdade (independência e liberdade de escolha)	Prestativo (a serviço do bem-estar dos demais)
A felicidade (contentamento e satisfação)	Honestidade (sincero, verdadeiro)
A harmonia interior (livre de conflitos interiores, em paz consigo mesmo)	Imaginativo (criativo e audacioso)
O amor adulto (intimidade sexual e espiritualidade)	Independente (autossuficiente e autônomo)
A segurança nacional (proteção contra as agressões)	Intelectual (inteligente, reflexivo)
O prazer (uma vida agradável e calma)	Lógico (coerente e racional)
A salvação (uma vida eterna, salvo para a eternidade)	Amoroso (afetuoso e terno)
O respeito de si (estima e consideração por si mesmo)	Obediente (devotado e respeitoso)
O reconhecimento social (respeito e admiração)	Polido (cortês e bem-educado)
A amizade sincera (ter amigos próximos)	Responsável (confiável, digno de confiança)
A sabedoria (maturidade)	Autodisciplinado (ter compostura, ser controlado)

Usando esse questionário com sensibilidade à desirabilidade social, os sujeitos foram *colocados* primeiro numa situação padrão (*standard*), e depois numa situação de autoapresentação (KELLY, SILVERMAN e COCHRANE, 1972, citado por WACH e HAMMER, 2003), isto é, numa situação em que eles deveriam se apresentar do modo mais desejável possível. A correlação por *nível* entre os valores do primeiro e do segundo questionário foi quase nula (-09), e Rokeach deduziu que a desiderabilidade não interfere quando as pessoas ordenam espontaneamente os valores. Por outro lado, as medidas são estáveis ao longo do tempo (PENNER, HOMANT e ROKEACH, 1968, citado por WACH e HAMMER, 2003).

Shalom Schwartz (1992, 1996) desenvolveu suas reflexões a partir dos trabalhos de Rokeach. Segundo ele, os valores correspondem a exigências universais características da espécie humana (necessidades biológicas, necessidade de coordenação individual e necessidade de uma continuidade em nível de uma sociedade). Ele estima, por sua vez, que os valores são dotados de um conteúdo e de uma estrutura universais. Tendo por base a lista de Rokeach, Schwartz *seleciona* 10 valores "de algum nível" representados por 57 valores. O questionário é o seguinte:[31]

> **Orientação:**
> Eis uma lista de valores que podem servir de princípios para guiar a sua vida. Nós lhe pedimos avaliar sua importância. Antes de começar, leia a lista completa dos valores. Escolha aquele que é o mais importante para você e assinale. Depois, escolha aquele que é o oposto de seus valores (pessoais) e assinale. Depois, assinale todos os demais valores buscando distingui-los bem, utilizando todos da planilha.

---
31 Trata-se do *Schwartz Values Survey, SVS*.

Oposto aos meus valores	Sem importância	Importante					Muito importante	De máxima importância
-1	0	1	2	3	4	5	6	7

1 – Igualdade (chances iguais para todos)
2 – Harmonia interior (em paz consigo mesmo)
3 – Poder social (ter poder sobre outrem, dominância)
4 – Prazer (satisfação dos desejos)
5 – Liberdade (liberdade para pensar e agir)
6 – Vida espiritual (valorização dos aspectos espirituais e não os materiais)
7 – Sentimento de não estar isolado (sentimento de que os outros se preocupam por mim)
8 – Ordem social (estabilidade na sociedade)
9 – Vida motivada (experiências estimulantes)
10 – Sentido da vida (ter um objetivo na vida)
11 – Polidez (ser cortês e ter boas maneiras)
12 – Riquezas (bens materiais, dinheiro)
13 – Segurança nacional (proteção de meu país contra os inimigos)
14 – Respeito de si (crença em seu próprio valor)
15 – Reciprocidade de serviços prestados (evitar ser devedor dos demais)
16 – Criatividade (originalidade, imaginação)
17 – Um mundo em paz (livre de guerras e de conflitos)
18 – Respeitar a tradição (manter os costumes preservados pelo tempo)
19 – Amor adulto (intimidade profunda, emocional e espiritual)
20 – Autodisciplina (resistências às tentações)
21 – Direito à vida privada (não exposição a olhares indiscretos)
22 – Segurança familiar (segurança para os que se ama)
23 – Reconhecimento social (aprovação e respeito dos outros)
24 – Unidade com a natureza (adaptação à natureza)
25 – Uma vida variada (vida cheia de desafios, de movimentos, de mudanças)
26 – Sabedoria (compreensão adulta da vida)
27 – Autoridade (o direito de dirigir ou de comandar)
28 – Amizade verdadeira (ter amigos próximos e com quem poder contar)
29 – Um mundo de beleza (beleza na natureza e das artes)
30 – Justiça social (corrigir as injustiças e apoiar os fracos)
31 – Independência (não contar senão consigo mesmo, autossuficiência)
32 – Moderado (evitar os extremos nos sentimentos e nas ações)
33 – Leal (fiel aos seus amigos e ao grupo dos que são próximos)
34 – Ambicioso (trabalhar duro e de boa vontade)
35 – Grandeza de espírito (tolerante para com as crenças e ideais diferentes dos seus)
36 – Humildade (modesto, discreto)
37 – Audacioso (busca da aventura e do risco)
38 – Protetor do meio ambiente (preservar a natureza)
39 – Influente (exerce um impacto sobre as pessoas e eventos)

40 – Honrar os seus pais e os anciãos (demonstra respeito)
41 – Escolha de seus próprios objetivos (seleção de seus próprios objetivos)
42 – Uma boa saúde (não estar doente física e mentalmente)
43 – Competente (capaz e eficaz)
44 – Aceitar meu quinhão na vida (submeter-se às circunstâncias da vida)
45 – Honesto (autêntico, sincero)
46 – Preservar a minha imagem pública (cioso de não perder a imagem positiva, perder a cara)
47 – Obediente (cumpridor de suas obrigações tendo o senso do dever)
48 – Inteligente (lógico, reflexivo)
49 – Caritativo (trabalha em vista do bem-estar dos outros)
50 – Ama a vida (gosta da alimentação, do sexo e do lazer)
51 – Religioso (vinculado às suas crenças e à fé religiosa)
52 – Responsável (é alguém com quem se pode contar)
53 – Curioso (interesse por todas as coisas, pesquisador)
54 – Indulgente (desejoso de perdoar os outros)
55 – Orientado para o sucesso (objetivo, realizado)
56 – Asseado (limpo, cuidadoso)
57 – Capaz de fazer-se estimar (faz coisas agradáveis)

O tratamento estatístico é feito pela "análise dos espaços menores" de Guttman, que decorre do MDS de Kruskal. A análise focaliza, portanto, regiões, e não eixos como na análise fatorial dos componentes principais.

PODER (*status* social, autoridade sobre pessoas e recursos) – Poder social – Riqueza – Autoridade – (Preservar minha imagem pública) – (Reconhecimento social)	**UNIVERSALISMO** (compreensão, apreciação, tolerância, e proteção do bem-estar de todo o mundo e da natureza) – Mente aberta – Sabedoria – Justiça social – Igualdade – Um mundo de paz – Um mundo de beleza – União com a natureza – Proteção do meio ambiente

REALIZAÇÃO (sucesso pessoal, segundo o padrão social) – Ambicioso – Influente – Capaz – (Respeito por si) – (Inteligente)	**BOA VONTADE**[32] (preservar e promover o bem-estar das pessoas que lhes são próximas) – Leal – Honesto – Caritativo – Responsável – Clemente – (Amizade verdadeira) – (Uma vida espiritual) – (Sentido na(da) vida)
HEDONISMO (prazer ou satisfação) – Prazer – Uma vida de prazer – Indulgente consigo mesmo	**TRADIÇÃO** (respeito e compromisso para com as tradições e ideias culturais e religiosas) – Respeito pelas tradições – Moderado (equilibrado) – Humilde – Devoto (devotado) – Aceita o seu quinhão na vida
ESTIMULAÇÃO (entusiasmado e novidadeiro) – Uma vida excitante (motivada) – Uma vida variada – Audacioso	**CONFORMIDADE** (controle das ações, inclinações e impulsos que podem ser nocivas aos demais e violar as expectativas sociais ou as normas) – Polidez (cortesia) – Autodisciplina – Honrar os pais e os anciãos – Disciplinado
AUTONOMIA (autocentração, independência no pensamento e na ação) – Liberdade – Criatividade – Independente – Curioso – Capaz de escolher seus próprios objetivos – (Respeito de si)	**SEGURANÇA** (segurança e estabilidade da sociedade, das relações e de si) – Segurança familiar – Segurança nacional – Ordem social – Asseio – Reciprocidade nos serviços (ajuda) – (Sentimento de não estar isolado) – (Viver em bom estado de saúde)

Tabela 2.3 – *Os valores de Schwartz*

---

32 Ainda que o termo bienveillance possa ser compreendido como "benevolência" e "prestabilidade" (e até bondade) preferimos o termo "boa vontade" que é mais amplo e já é um termo amplamente utilizado: "pessoas de boa vontade" por exemplo (NT).

Desse modo, Schwartz isola 10 tipos de valores. A Tabela 2.3 indica os dez tipos, bem como os valores que os constituem. Os valores entre colchetes não são utilizados por Schwartz para calcular os índices, uma vez que a sua significação difere dependendo das amostras e das culturas (SCHWARTZ, 1996, p. 3).

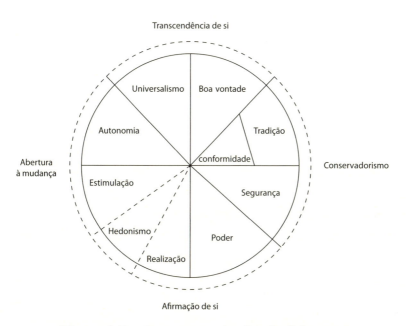

Figura 2.7 – *A estrutura circular de Schwartz*

Schwartz, como Rokeach antes dele, demonstra assim que os valores estão organizados numa disposição chamada estrutura circular, uma vez que a sua organização seria mais ou menos circular. Mas se para Rokeach essa organização sugere que os valores são do mesmo nível de generalidade, Schwartz buscará caracterizar suas estruturas. Na estrutura circular, os valores contíguos têm uma significação próxima entre si, os valores opostos na estrutura circular teriam uma significação oposta.

Em outros termos, para as pessoas, *universalismo* e *boa vontade* têm uma significação bem próxima entre si; no oposto, *realização* (sucesso) e *poder* são próximos. Mas *universalismo* e *boa vontade* têm uma significação oposta à *realização* (sucesso) e *poder*. Essa significação seria independente das culturas e da identidade de gênero dos sujeitos: Observa-se que 95% das amostras observadas, provenientes de 60 países dos cinco continentes (SCHWARTZ et al., 2001). Struch, Schwartz e Van der Kloot (2002) demonstraram que em 8 culturas diferentes (com 11.245 participantes) os valores têm a mesma significação tanto para os homens como para as mulheres (WACH e HAMMER, 2003). Em Struch (2002), os valores *conformidade* e *tradição* não formam regiões distintas como é o caso geralmente, mas encontramos neles a mesma organização conceitual dos valores segundo duas dimensões "*conservadorismo – abertura à mudança*" e "*transcendência de si – afirmação de si*". O sistema de Schwartz é aberto, no sentido em que o autor pensa que se pode muito bem juntar (novos) valores à estrutura circular. Wach e Hammer (2003) colocam assim em evidência que a estrutura circular compreenderia ou acolheria valores ligados à *verdade*. Schwartz pensa que podemos acrescentar valores que permitem medir um *valor espiritual* possível, constituídos por valores *uma vida espiritual, significação na vida, harmonia interior* e *desapego*. Entretanto, esses valores são culturalmente variáveis, eles podem não ocupar o mesmo lugar na *estrutura circular*. Eles foram, portanto, excluídos e essa questão quase nunca é tratada nas pesquisas voltadas para a estrutura dos valores. Isso apresenta um problema, uma vez que a espiritualidade, ou a caminhada espiritual (entendida no sentido de uma busca de melhora pessoal) faz parte daquilo que é importante para os seres humanos. Outras questões de ordem metodológica, também são postas. A primeira é relativa à natureza dos valores. Com efeito, na elaboração da estrutura circular (a mesma observação vale para Spranger e Rokeach), a *orientação de pesquisa* e as medidas fazem referências claras ao que seja importante para as pessoas; mas a natureza dessas diferenças é variável. Assim, alguns são efetivamente valores (*liberdade, igualdade, justiça*), outros são traços da personalidade (*ser cortês, honesto, clemente*), e outros ainda, remetem às relações com os outros (*sentimento de não estar isolado*). Todos esses valores não estão num mesmo plano; alguns são imediatamente acessíveis, outros permanecem sendo ideais inacessíveis; alguns estão em nível da moral, outros da ética. Falta então, evidentemente, uma dimensão suplementar à estrutura circular; seria necessário, claro, buscar passar do plano à verticalidade. A segunda questão diz respeito à medida. Inicialmente, a escala é bidimensional ("oposto aos meus valores" *vs* "de máxima importância"). Um metodólogo preferiria duas escalas: A primeira propondo um *continuum* indo de "oposto a meus valores" para "de acordo com meus valores"; e a segunda indo de "sem importância" para "de máxima importância". A escala, além do mais, é desequilibrada (-1 a +7). Em geral um metodólogo equilibra as escalas (ímpar de 1 a 5; par de 1 a 4, por exemplo). Schwartz justifica a escolha por razões práticas: É mais fácil para a pessoa responder à sua escala. A terceira e última questão volta-se para a compreensão dos itens nas diversas *populações* testadas: A *SVS – Schwartz Values Survey* – pode ser muito abstrata para alguns sujeitos. Schwartz propôs, por isso, um outro instrumento: O questionário dos valores por imagem (*Personality Value Questionary – QVP*, em português), menos abstrato que o SVS e mais adaptado a algumas populações. No modo de resposta, os números foram evitados por razões culturais. O questionário é composto de 40 itens compreendendo os 10 tipos de valores. Para cada item o sujeito deve marcar (ticar) em que medida a pessoa descrita se assemelha (ao sujeito que responde a pesquisa).´

Até que ponto essa pessoa é como você?					
Nem de longe é como eu	Não é como eu	Um pouco não como eu	Um pouco como eu	Como eu	Bastante como eu
❏	❏	❏	❏	❏	❏

Orientações:
Cada frase abaixo descreve brevemente uma pessoa. Leia atentamente cada frase e coloque um (X), abaixo das indicações acima, ao que para você corresponda melhor. Para cada linha, coloque somente um (X).

1. É importante para essa pessoa ter ideias novas e ser criativo. Ele(a) adora fazer coisas do seu jeito, de modo original.
2. É importante para essa pessoa ser rica. Ele(a) quer ter muito dinheiro e ter coisas que custam muito.
3. Ele(a) pensa que é importante que todos os seres humanos do mundo sejam tratados de modo igualitário. Ele(a) acredita que todo mundo deveria ter as mesmas chances na vida.
4. É muito importante para essa pessoa mostrar as suas capacidades. Ele(a) quer que as pessoas admirem o que ele(a) faz.
5. É importante para essa pessoa viver num mundo em ordem onde ele(a) se sinta em segurança. Ele(a) evita tudo o que possa colocá-lo(a) em risco.
6. Essa pessoa pensa que é importante fazer um montão de coisas diferentes na vida. Ele(a) está sempre em busca de novas coisas para experimentar.
7. Ele(a) crê que as pessoas deveriam fazer aquilo que lhe é dito para fazer. Ele(a) pensa que sempre se deva seguir as regras, mesmo quando ninguém a supervisione.
8. É importante para essa pessoa escutar pessoas diferentes dela. Mesmo se ele(a) não esteja de acordo com elas, ele(a) quer, apesar de tudo, compreender.
9. Essa pessoa pensa que não se deva buscar mais do que aquilo que se tem. Ele(a) acredita que as pessoas deveriam se contentar com aquilo que elas têm.
10. Essa pessoa procura todas as ocasiões para ter prazer. É importante para ele(a) fazer coisas que lhe tragam prazer.
11. É importante para essa pessoa decidir por ela mesma aquilo que ele(a) vai fazer. Ele(a) gosta de ser livre para planejar e escolher suas atividades.
12. É muito importante para essa pessoa ajudar as pessoas que a cercam. Ele(a) que assumir o cuidado pelo seu bem-estar.

13. Ser muito bem-sucedido e brilhante é importante para ele(a). Ele(a) adora impressionar as pessoas.
14. É muito importante para essa pessoa que seu país esteja em segurança. Ele(a) pensa que o Estado deve estar atento às ameaças que vêm do interior ou do exterior.
15. Essa pessoa adora assumir riscos. Ele(a) está sempre em busca de aventura.
16. É importante para ele(a) comportar-se como se deve. Ele(a) evita fazer o que quer que seja que os outros possam julgar incorreto.
17. Essa pessoa gosta de responsabilidades e também de dizer aos outros o que eles devem fazer. Ele(a) quer que os outros façam o que ele(a) dita.
18. É importante para essa pessoa ser leal para com seus amigos. Ele(a) devota-se aos que lhes são próximos.
19. Ele(a) está totalmente convencido de que as pessoas deveriam proteger a natureza. Preservar o meio ambiente é importante para essa pessoa.
20. Ser religioso é importante para ele(a). Ele(a) faz de tudo para se comportar de acordo com suas convicções religiosas.
21. É importante para essa pessoa que todos estejam asseados e organizados. Ele(a) não gosta nada de desordem.
22. Essa pessoa pensa que é importante interessar-se pelas coisas. Ele(a) gosta de ser curioso(a) e busca compreender ou entender todo tipo de coisa.
23. Essa pessoa crê que todas as pessoas do mundo deveriam viver em harmonia. Promover a paz em todo o mundo é importante para ele(a).
24. Essa pessoa pensa que é importante ser ambicioso. Ele(a) gosta de mostrar até que ponto ele(a) é competente.
25. Ele(a) pensa que é melhor fazer as coisas ao estilo tradicional. É importante para ele(a) estar em conformidade com os costumes tradicionais que ele(a) recebeu.
26. Aproveitar os prazeres da vida é importante para ele(a). Ele(a) adora viver na maior folga.
27. É importante para essa pessoa corresponder às necessidades dos outros. Ele(a) busca ajudar aqueles(as) que conhece.
28. Ele(a) acredita que é sempre necessário mostrar respeito aos pais e às pessoas de mais idade. É importante para essa pessoa ser obediente.
29. Ele(a) quer que todo mundo seja tratado de maneira justa, mesmo as pessoas que ele(a) não conheça. É importante para esta pessoa proteger os mais fracos na sociedade.
30. Ele(a) adora surpresas. É importante para ele(a) ter uma vida apaixonante.
31. Ele(a) faz tudo o que pode para evitar ficar doente. Permanecer com boa saúde é muito importante para essa pessoa.
32. Evoluir na vida é muito importante para ele(a). Ele(a) se esforça para fazer tudo melhor que os outros.
33. Perdoar aqueles que o(a) feriram é importante para ele(a). Ele(a) busca ver o que seja bom para eles e nunca ter rancor.
34. É importante para essa pessoa ser independente. Ele(a) gosta de contar com ela mesma.

35. É importante para ele(a) ter um governo estável. Ele(a) está motivado(a) para a manutenção da ordem social.
36. É importante para essa pessoa ser sempre cortês para com os outros. Ele(a) busca nunca chatear ou irritar os demais.
37. Ele(a) quer realmente aproveitar a vida. É importante para essa pessoa festejar.
38. É importante para ele(a) ser simples, modesto. Ele(a) busca não chamar a atenção sobre si.
39. Essa pessoa quer que seja sempre ele(a) a tomar as decisões. Ele(a) gosta de ser aquele(a) que dirige.
40. É importante para essa pessoa adaptar-se à natureza e a ela se integrar. Ele(a) acredita que não se deveria modificar a natureza.

As correlações entre as escalas *SVS* e *QVP* são sempre elevadas (SCHWARTZ *et al.* 2001, p. 83).

III
Relatividade dos valores

Seria até trivial falar da relatividade dos valores (TOSTAIN, 1999). Entretanto, afirmar que os valores são relativos não significa que possamos colocá-los todos no mesmo plano. Vejamos, pois, alguns fatores de sua relatividade.

1 – Ideologia

Se existe uma expressão bastante carregada de valores, na qual vemos explicitamente os valores em ação, essa expressão é a da *ideologia*. Em vista de sua história, o termo *ideologia* é polissêmico. A propósito, as reflexões sobre as reflexões sobre as crenças são antigas: Platão evidencia as funções dos temas míticos (integração e controle do comportamento), Aristóteles orienta a sua reflexão sobre o assunto pela análise do discurso e Maquiavel descobre o uso que o agente político pode fazer das crenças e dos sistemas de abordagem simbólicos.[33] Desde 1820, Saint-Simon desenvolveu a hipótese da historicidade das crenças, de sua funcionalidade e de sua adequação à especificidade da organização social. Ele vincula, portanto, estreitamente a formação das crenças às práticas das classes sociais. Marx, Weber e Durkheim reformularam essa questão de modo diverso entre si: Marx pesquisa

---
[33] Assim como *ideologia*, o termo *crença* é polissêmico se relacionando à religião, fé, religiosidade, crendices, credo, mitos etc. Mantivemos esses termos exatamente por sua flexibilidade que, de um certo modo, abrange todos esses conceitos citados acima (NT).

as determinações das ideologias, Weber suas funções, e Durkheim as suas correlações com os sistemas sociais (ANSART, 1977). Ideologia é uma noção polissêmica e o seu uso é tão problemático que alguns autores até preconizam a sua substituição (CHABROL, 1991). Busquemos, mesmo assim, defini-la. Em seu sentido mais trivial, o termo designa o modo de pensar daqueles com quem não estamos de acordo. Num sentido bastante vago, a ideologia é um conjunto de representações mentais que surgiram desde que os seres humanos estabeleceram relações entre si. Ela é também descrita como "um sistema de pensamentos, de crenças e de normas" (ANSART, 1977, p. 47; BEAUVOIS e JOULÉ, 1981, p. 8; HOGG e ABRAMS, 1988), "...e até mesmo projetos de ações virtuais" (BEAUVOIS e JOULÉ, 1981, p. 17). Para Deconchy (1989, p. 13) a ideologia é um "sistema de interação e de representação". Lipianski (1991) afirma que ela é, antes de tudo, um sistema de representações compartilhado por um grupo, e tendo um caráter predominante no campo das representações grupais (MOSCOVICI, 1991, p. 82). Nesse sentido amplo, os mitos, as religiões, os princípios éticos, os usos e os costumes, os programas políticos são ideologias. Num sentido mais estrito, a ideologia designa um sistema de pensamento bem coerente e circunscrito e fechado a toda e qualquer objeção da realidade. Assim, para Palmonari e Doise (1986, p. 14):

> *Uma ideologia vive pela força do sistema conceitual, quase lógico, que a sustenta [...]. Uma ideologia tem um aparelho que a defende e salvaguarda a sua ortodoxia [...].*

Esse sistema recebe a adesão plena de um indivíduo ou de um grupo e enseja a presença de condutas que podem ser percebidas como aberrantes por um observador externo, mas que são totalmente *conformes*, quando vistas a partir do interior do sistema. Em ciências sociais, é a Marx que se deve o emprego generalizado do termo ideologia. Ora, ele lhe deu uma enorme extensão e uma significação equívoca: O termo recobre todas as produções da civilização (ROCHER, 1968, vol. 1). Ele designa também uma escola de pensamento que se *especializou* na formação de ideias na consciência a partir de sentidos movidos pela realidade exterior. O que nos pode precisar a noção de ideologia em Marx é que ela é "a consciência e a representação que a classe dominante faz da realidade, seguindo a sua posição e os seus interesses [...] (ROCHER, 1968, vol. 1, p. 126); ROKEACH, 1968, pp. 123-124). Segundo ele (Marx):

> As ideias dominantes não são outra coisa que a expressão ideal das condições materiais dominantes, as condições materiais dominantes tomadas como ideias. (MARX, 1937, citado por ROCHER, 1968, vol. 1, p. 126)

O termo *ideologia* refere-se portanto, a estados de consciência e a discursos relacionados à ação política e ao domínio, poder.

Em nível do indivíduo, a ideologia serve de racionalização das condutas, da defesa, da articulação entre o individual e o grupal. Essas funções remetem às posições que o sujeito ocupa no campo social (LIPIANSKI, 1991, p. 50). Em nível social, a ideologia visa a unanimidade, fazendo assim referência aos valores. Entretanto, ela é muitas vezes motivo de conflitos (ANSART, 1977; ROCHER, 1968). Ela preenche cinco funções específicas (BEACHLER, 1976) que contribuem para a concepção de um mundo estável, *coisificado*, no qual as incertezas são reduzidas ao mínimo (DOISE e PALMONARI, 1986,

p. 14). O *ponto de encontro* remete ao conhecimento dos membros do endogrupo, pelo uso de signos específicos (crachá, bandeiras, hinos...); ele remete à instauração de uma identidade e à integração grupal. A ideologia cria um *nó* e serve para simbolizar e cristalizar os valores aos quais ela apela e sobre os quais ela se apoia (ROCHER, 1963, vol. 3, p. 90). O *ponto de encontro* consiste de um disfarce ou um truque da classe dominante e de seus interesses. Ele consiste também de um *desvio* da moral a serviço do político. Um exemplo é o da intervenção de algumas nações ocidentais no Kuwait contra o Iraque em nome, não de interesses econômicos relacionados ao petróleo, mas *do respeito do direito internacional*. A *designação* dos valores, dos fins e dos meios é a quarta função da ideologia. A *felicidade coletiva, a independência, a justiça, a igualdade, a segurança* podem ser outros tantos valores a serem buscados. A ideologia vai designar qual deles é o mais importante, e ditar assim também o que seja o justo e o injusto. Ela designa também os fins e os meios: Como, por exemplo, alcançar a *segurança*? Pelo reforçamento dos controles da identidade (da identificação), pela expulsão, pela criação de milícias, pela discussão? O discurso ideológico pode impor uma *vontade* moral à qual seria indigno e degradante submeter-se (ANSART, 1977, p. 46). Ela torna possível a percepção da realidade social como transparente e permite por isso mesmo, aguentar as consequências de uma ação (BEACHLER, 1976, p. 100). Essa função é importante para o(s) grupo(s) em posição de poder uma vez que, como função de justificação, ela evita o questionamento das estruturas sociais (ver o quadro adiante). Por fim, a ideologia tem a função de *justificar* as relações sociais. Para Hogg e Abrams (1988, pp. 82-83) bem como para

Rocher (1968, vol. 1, p. 127) a explicação[34] é, por outro lado, a função primeira da ideologia. Para sintetizar, a ideologia tem uma função reguladora das relações sociais e participa de sua reprodução que não acontece necessariamente de modo consciente (ANSART, 1977).

> **Ideologia e manutenção das relações sociais**
>
> O imperador José II proíbe o *Casamento de Fígaro* de Beaumarchais (1784), uma vez que ele temia que o *discurso* da peça ameaçasse o equilíbrio social. Luiz XVI o havia, por outro lado, proibido por seis anos pelas mesmas razões. Mozart e Da Ponte correram o risco de censura na adaptação do *Núpcias de Fígaro* (Nozze di Figaro), mas eles conseguiram superar o entrave e a opera foi apresentada em 1786. Os valores revolucionários de Beaumarchais estavam presentes no texto, bem como na música, mas eles estão agora um tanto quanto mascarados. Já no primeiro ato da ópera, Fígaro revolta-se contra o conde Almaviva que tenta lhe arrebatar Suzana, sua namorada: *Ah, senhor! Meu caro senhor! Vós quereis me dar para que eu a cuide? [...] Fazer em Londres, ao mesmo tempo, os mesmos affairs de vosso mestre e os mesmos de vosso camareiro! Representar, ao mesmo tempo, o Rei e a mim, numa corte estrangeira, é ser marido demais, é demais.* Na ópera Fígaro é mais insolente, beirando mesmo ao insulto: *Se quereis danças, senhor condezinho, eu toco o violão. Se quer vir à minha escola, eu te ensino fazer cabriolas...* E a cançoneta cantada por Fígaro é uma paródia de um minueto, dança nobre por excelência (STRICKER, 1980). É com o *Casamento de Fígaro* que a reivindicação dos oprimidos pela primeira vez foi expressa no palco. A força de contestação dessa peça – que muitas vezes foi apresentada como precursora do espírito da Revolução Francesa – fez com que ela fosse proibida um século e meio mais tarde, no governo de Vichy.[35]

---

[34] A explicação é bem diferente da justificação: A primeira remete ao estudo das causas, a segunda às razões.
[35] Governo do que resta do Estado Francês entre 1940 e 1944, sob do domínio alemão; a capital formal era Paris, mas efetiva a cidade de Vichy (NT).

Nódulos ideológicos, valores e nexus

Acabamos de ver que a ideologia não é encontradiça na forma de um discurso, mas em seu conteúdo, que é de direcionamento político. Esse discurso pode ser extremamente elaborado ou, ao contrário, muito breve. Nesse caso, fala-se de *nódulo ideológico* (BACHLER, 1976, pp. 24-26).[36] Um mesmo nódulo pode receber formulações diversas, mas quanto mais a formulação for breve, mais o nódulo expressa uma formulação mínima e exaustiva que fundamenta a sua originalidade. Por exemplo, *Ein Folk, ein Reich, ein Führer* concentra uma visão da vida em sociedade bem diversa em *Liberté, Égalité, Fraternité*.[37] O primeiro *slogan* refere-se à ideia de unidade e de hierarquia das categorias sociais: O povo, uma forma de império, conduzido por um comandante. A segunda refere-se a três valores de alto nível, bastante abstratos, *gerados* na Era das *Luzes,* e que remetem a uma visão humanista da sociedade e é, de certa forma, um programa político. Quanto ao *slogan* do *Front nacional* dos anos 1980 e 1990, "mão limpas e cabeça erguida" remete não somente aos valores da honestidade (mas especialmente, limpeza – ausência de suborno – e até mesmo de pureza) e de orgulho, mas se ancora evidentemente nas relações intergrupais: São os outros, os que estão no poder, que têm as mãos sujas.[38] Um último exemplo, mais recente, é o *slogan* da campanha presidencial[39] de 2007: "Trabalhar mais e ganhar mais", no qual o valor *trabalho* é

---

36 Nesse caso, estamos praticamente evidenciando os *slogans*, que seriam em termos dos nódulos, apenas a sua expressão *de guerra* (NT).
37 *Um Povo, um Estado* (Reino)*, um Comandante; Liberdade, igualdade, fraternidade* (NT).
38 Trata-se do lema da direita francesa, *Front National* – Le Pen e outros – nos anos críticos da década dos anos 1980 (NT).
39 Eleição do ex-presidente Sarkozy (NT).

instrumental, o valor *dinheiro* (ou o *ter*) são valores terminais. Segundo Beachler, os nódulos ideológicos são relativamente pouco numerosos: Trata-se da *liberdade*, da *vontade de poder*, do *ter*, da *vaidade* (busca da estima dos demais pela afirmação de uma (suposta) superioridade), a *oposição aos ilegais,* a *obediência* (e o seu contrário, a *revolta*), o *amor* (onde o outro é percebido como valor absoluto, ou o sujeito busca ser percebido por outro(s) como tal, a regra da reciprocidade absoluta é buscada), o *ódio* e o *prazer*. Esses nódulos são, entretanto, de natureza bem diversa: Os três últimos são na realidade emoções. Segundo Beachler (1976, p. 189), eles são "consubstanciais à psique humana" e unem uma paixão e um valor (pp. 201-256). A partir desse aspecto, eles seriam universais e envolveriam uma adesão quase que imediata das pessoas. Uma noção próxima é a de *nexus*, proposta por Rouquette já em 1988. Eles são definidos como "*nós afetivos pré-lógicos*" (ROUQUETTE, 1994, pp. 68-69), fortemente caracterizados afetivamente e:

> Sua ativação na emissão ou na recepção envolve juízos prévios e vêm acompanhados de uma impressão emotiva bem demarcada...

Não existe *alavanca* mais eficaz para a mobilização social. Uma vez que são *pré-lógicos* eles não decorrem ou partem de uma racionalidade, de uma argumentação. Comuns a muitos indivíduos numa sociedade particular, os *nexus* não estão aí para serem discutidos, eles se impõem como evidências e geram reações bem claras e fortes. Eles são ideias que servem de justificar os juízos e as condutas. Numa pesquisa, portanto, sobre os *nexus* nazistas, Rouquette pede aos sujeitos avaliarem oito proposições extraídas dos discursos de Hitler em 1920.

Essas proposições foram apresentadas ou como vindas de um partido político (sem indicar qual), ou do partido nacional-socialista, ou ainda do partido nazista. O sujeito deveria indicar o grau de sua concordância com cada uma das proposições. A taxa de rejeição passa de 29% quando as proposições são etiquetadas como vindas de um partido político (as respostas são as mesmas quando as proposições são etiquetadas como vindas de um partido nacional-socialista) e chega a 48% quando elas brotam de um partido nazista. Isso indica o efeito de um *nexus*, uma vez que o conteúdo da proposição é o mesmo; e ainda mais, se os sujeitos respondessem "logicamente", a mesma taxa de rejeição deveria ser obtida uma vez que as proposições eram atribuídas ao partido nacional-socialista ou ao partido nazista. As pessoas deveriam também justificar as suas posições. De um lado, observa-se 32,9% de justificações "em princípio" (política) entre as pessoas que avaliam as proposições como nazistas, contra 14,4% e 18,6% que avaliavam as proposições como vindas respectivamente de um partido político e do partido nacional-socialista. Por outro lado, as justificações argumentadas e/ou que faziam uma referência à pessoa são mais numerosas entre os sujeitos que avaliavam as proposições como vindas de um partido político (63,1%), mais fracas entre os que avaliavam como sendo do partido nacional-socialista (45,3%), e ainda mais fracas entre os que consideravam que as proposições seriam as do partido nazista (35,1%); (ROUQUETTE, 1994). Vemos claramente aqui como os *nexus* estão ligados aos afetos, mas também à história, especialmente ao seu conhecimento. Por seu lado, Wolter (2008) mostra que as pessoas rejeitam com mais intensidade as características mais neutras (aquelas que não são consideradas nem positivas e nem negativas) do CPE,[40] que as próprias características de um contrato de trabalho, e esse ainda mais que uma (simples) coleta de opiniões feita "de supetão" (durante as manifestações de 7 a 19 de março de 2006; a coleta de informações feitas "com mais vagar e tempo" foram feitas em outubro de 2006).

Um exemplo de relação entre valores e ideologia

É mais uma vez a Rokeach (1968, pp. 171-172) que devemos solicitar que nos mostre a relação entre a hierarquia dos valores *liberdade* e *igualdade* e a ideologia. Ele analisa uma amostra de 25.000 palavras extraídas de escritos políticos. Como o demonstra a Tabela 2.4, relacionada a 17 valores terminais, a *liberdade* e a *igualdade* são classificadas, respectivamente, no patamar 1 e 2 para os sociólogos (Norman Thomas e Erich Fromm); enquanto são classificados no patamar 16 e 17 no *Mein Kampf* de Hitler, publicado em 1925. Para um conservador como Goldwater, a *liberdade* está no nível 1, e a *igualdade* no 16. Em Lênin, por fim, é o inverso, a *liberdade* está no 17 e a *igualdade* está no 1.

	Socialistas		Hitler		Goldwater		Lênin	
	frequência	nível	frequência	nível	frequência	nível	frequência	nível
Liberdade	66	01	-48	16	85	01	-47	17
Igualdade	62	02	-71	17	-10	16	88	01

Tabela 2.4 – *Frequência e nível dos valores*[41]

---

40 *Contrat de Première Emploi* ou *Embauche* (NT).
41 Frequência: O número de menções favoráveis menos o número de menções desfavoráveis.

Esses dados confirmam a existência de um modelo bipolar, postulado por Rokeach, e que descreve as variações das diversas orientações políticas (Figura 2.8, de ROKEACH, 1973, em WACH e HAMMER, 2003): O primeiro eixo opõe os grupos que atribuem um grande valor à *liberdade* e à *igualdade* aos grupos que atribuem bem pouco valor a esses ideais. O segundo eixo opõe os grupos que atribuem um valor muito pequeno à *liberdade* e um grande valor à *igualdade* aos grupos que atribuem um grande valor à *liberdade* e um pequeno valor à *igualdade*. Mais recentemente, foi demonstrado que quanto mais um grupo se situa à direita do *tabuleiro político,* tanto mais ele escolhe a *liberdade* em vez da *igualdade* (STOETZEL, 1983).

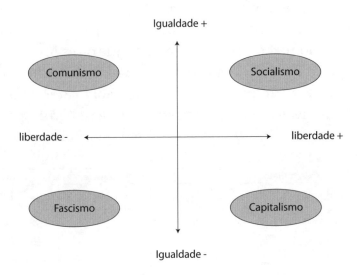

Figura 2.8 – *Valores e ideologias*

2 – Cultura

O termo *cultura* remete a uma nebulosa de comportamentos, sentimentos, atitudes, crenças, confissões, modos de produção econômica, produções artísticas etc., compartilhados e transmitidos pelas pessoas de um grupo social. Sohra Guerraoui (2000) assinala que temos pelo menos 160 definições de cultura entre 1871 (data da primeira definição de Taylor) e 1950, e demonstra que a cultura pode ser definida segundo oito dimensões. A cultura é a parte humana do meio ambiente (TRIANDIS, 1979). Ela tem aspectos objetivos (estradas, moradias etc.) e subjetivos (mitos, valores, ideologias). Podemos, também, defini-la como um:

> *conjunto entrelaçado de modos de pensar, de sentir e de agir mais ou menos formalizados que, sendo aprendidos e compartilhados por uma pluralidade de pessoas, servem de um modo ao mesmo tempo simbólico e objetivo, para constituir essas pessoas formando com elas uma coletividade distinta e peculiar* (ROCHER, 1968, vol. 1, p. 111).

Foi especialmente Geert Hofstede (1980, 2001, ver também o seu *site* pessoal e o de J. Richard, UQAM) quem desenvolveu uma cartografia das culturas, tendo por base pesquisas voltadas sobre valores vinculados ao trabalho. Essa pesquisa começou inicialmente com 116.000 trabalhadores da IBM provindos de 40 países. O objetivo era medir a adequação entre as diversas culturas das diversas filiais da IBM, com o objetivo de melhorar o trabalho em equipe. Outras pesquisas levadas adiante a seguir tendo como campo de amostragem diversas outras populações, confirmaram as quatro dimensões verificadas inicialmente, permitindo-se diferenciar as culturas segundo os seus valores. A distância hierárquica (*power distance*) relacionada à aceitação da desigualdade. Essa aceitação foi abordada do lado dos *dominados*, mas para Hofstede, o nível de desigualdade é aceito tanto pelos subordinados como pelos superiores nas hierarquias. O *individualismo/coletivismo* remete ao grau no qual o indivíduo está integrado ao grupo: Numa sociedade individualista, as pessoas não são levadas a conta senão por elas mesmas, ou por seus familiares mais próximos; numa sociedade coletivista, as pessoas são integradas em grupos bastante coesos ou coercitivos. A *masculinidade/feminilidade* remete à distribuição dos papéis segundo o gênero. Por fim, o *afastamento da incerteza* tem em mente a tolerância em relação à ambiguidade e à incerteza. Para Hofstede, essa dimensão remete à busca da *verdade*, ela indicaria em que medida a cultura leva as pessoas a se sentirem bem em situações pouco familiares. As culturas que evitam as incertezas tentam minimizá-la pela elaboração de leis, de medidas de saúde e de segurança; em nível filosófico e religioso, elas (as culturas) desenvolvem crenças num absoluto. Ao contrário, as culturas que aceitam as incertezas toleram razoavelmente a diversidade de opiniões, buscam ter o mínimo de regras possíveis; em nível filosófico e religioso, elas são relativistas e aceitam correntes filosóficas diversas. Nas primeiras, as pessoas são emotivas, nervosas; nas segundas, elas se mostram mais fleumáticas e contemplativas; as pessoas com quem elas convivem não esperam que elas manifestem suas emoções. Segundo Goodwin e Tinker (2002), as dimensões *distância do poder* e *masculinidade/feminilidade* remetem à dimensão *transcendência de si/realização de si* que encontramos em Schwartz. Uma quinta dimensão (*orientação a longo ou a curto prazo*) foi a seguir descoberta por Bond e sua equipe de pesquisadores chineses (1987). Ainda que ancorada sobre o pensamento de Confúcio, ela parece aplicar-se a outras culturas. Os valores associados à *orientação a longo prazo* são a parcimônia e a perseverança; o respeito à tradição, o respeito pelas obrigações sociais e manutenção das aparências (não quebrar a cara) são os associados à orientação a curto prazo.

Em termos globais, foi demonstrado que os escores de *distância hierárquica* são altos nos países asiáticos, africanos e latinos; mais fracos nos países de língua alemã. O *individualismo* é mais acentuado nos países desenvolvidos e nos países ocidentais, enquanto o *coletivismo* prevalece nos países menos desenvolvidos e nos países orientais. Sobre essa dimensão, o Japão ocupa uma dimensão mediana. Na realidade, essa dimensão está ligada à riqueza do país.

A *masculinidade* é bem acentuada no Japão e nos países europeus (Alemanha, Áustria, Suíça) e moderadamente desenvolvida nos países anglo-saxônicos. É baixa nos países nórdicos e na Holanda, e um pouco menos ainda, em alguns países latinos e asiáticos (França, Espanha, Tailândia). O escore *afastamento de incerteza* é mais elevado nos países latinos, no Japão e nos países de língua alemã. Eles são mais baixos nos países de cultura anglo-saxônicos, nórdica e chinesa. Por fim, a *orientação a longo prazo* está presente principalmente, nos países asiáticos, em especial na China, Hong Kong, Taiwan, Japão e Coreia do Sul. Wan, Chiu, Tam, Lee, Lau e Peng (2007) demonstraram o vínculo dos valores *individualistas/coletivistas* com a cultura. Numa pesquisa, alguns estudantes (norte-) americanos e chineses (de Hong Kong) deveriam escolher os 10 valores mais importantes para eles, de uma lista, constituída a partir de uma história das ideias e dos provérbios populares, de 18 inventários sobre o individualismo e sobre o coletivismo. Conforme o esperado (Tabela 2.5: Em realce, as diferenças significativas nas escolhas dos sujeitos), constatam-se diferenças entre os chineses e os norte-americanos na importância atribuída aos valores. Ainda que os resultados indiquem incoerências quanto ao modelo teórico (presença de efeitos inversos às previsões), de um modo global, os norte-americanos vinculam-se mais aos valores individualistas que aos valores coletivistas; o inverso aparece entre os chineses.

VALORES INDIVIDUALISTAS	EUA	CHINA
Autonomia	19,7	76,0
Competição	50	32,3
Independência financeira	66,7	53,8
Esforço individual	65,2	9,2
Interesse individual	62,1	41,5
Responsabilidade individual	84,8	49,2
Individualidade	81,8	53,8
Direito à vida privada	71,2	67,7
Não contar senão só consigo mesmo	84,8	72,3

VALORES COLETIVISTAS	EUA	CHINA
Esforço coletivo	40,9	72,3
Responsabilidade coletiva	25,8	67,6
Conformidade	03	18,5
Cooperação	69,7	81,5
Espírito de grupo (equipe)	37,9	66,2
Regra majoritária (decidir pela maioria)	21,2	30,8
Apoio mútuo entre pares	57,6	98,5
Sacrifício de si	45,5	29,2
Trabalhar pelo bem comum	74,2	35,4

Tabela 2.5 – *Percentagens dos valores escolhidos*

3 – Nacionalidade

No âmbito de um mesmo país, os valores são hierarquizados: Em 1998, os valores declarados pelos franceses como os mais importantes eram a *boa vontade*, o *universalismo* e a *segurança*; de importância mediana a *conformidade, hedonismo, autonomia*; e de menor importância *realização* (sucesso), *tradição, estimulação, poder* (Figura 2.9, adaptada de WACH e HAMMER, 2003b). Por outro lado, a ordem dos diversos valores difere de um país europeu para outro (WACH e HAMMER, 2003) e pode-se falar em termos mais gerais de uma *classificação* cultural de valores. Se isso for assim, a ordem é no conjunto ou em linhas gerais, a mesma, mas não é em absoluto a mesma quando se considera o nível de importância que se lhe atribui. Por exemplo, a Suécia distingue-se claramente dos demais países no sentido de que os valores *boa vontade, hedonismo, estimulação* e *conformidade* são claramente os melhor considerados; por outro lado, *tradição, segurança* e *realização* (sucesso) são claramente menos *populares* que nos outros países. E se na França as pessoas valorizam significativamente os valores da *transcendência de si* (*universalismo e boa vontade*), na Espanha a preferência vai antes de tudo para os valores da *tradição*. Notemos, entretanto, que se trata de uma pesquisa em termos declarativos, claramente sujeita à desiderabilidade.

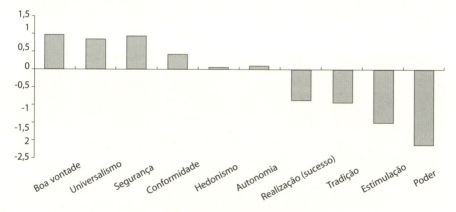

Figura 2.9 – *Importância dos dez tipos de valores (centralizados peladédia)*

4 – Gênero

Em 1932, Vernon e Allport, a partir de uma amostra de 463 homes e 313 mulheres, *descobriram* que os homens privilegiam os valores *teóricos, econômicos* e *políticos*, enquanto as mulheres valorizam mais os valores *estéticos, sociais* e *religiosos*. Muitas pesquisas e estudos norte-americanos (SCHWARTZ e RUBEL, 2005), utilizando a Escala de Rokeach, indicaram os homens atribuem mais importância aos valores que Schwatz chama de *realização* (sucesso), *autonomia, hedonismo* e *estimulação*, enquanto as mulheres dão mais importância a valores chamados por Schwartz de *boa vontade, universalismo* e *tradição*. Feather (1984) encontrou diferenças relativas à identidade sexual em nível dos valores da *afirmação de si* x *transcendência de si;* os homens privilegiam itens como *prazer, vida animada;* as mulheres o *amor* e o *perdão*. Assim, observa-se frequentemente que os homens tendem a privilegiar a afirmação de si, enquanto as mulheres tendem a privilegiar os valores relativos à *transcendência de si* e à *boa vontade*.

Uma pesquisa de Schwartz e Rubel (2005), com 127 amostras de 70 países (77.528 sujeitos), vai no mesmo sentido. Ela (a pesquisa) indica que os homens atribuem mais importância que as mulheres a valores como *poder, estimulação, hedonismo, realização* (sucesso) e *autonomia*. Ao contrário, acontece com os valores como *boa vontade* e *universalismo,* e de modo menos claro, para o valor *segurança,* privilegiado pelas mulheres (Figura 2.10).

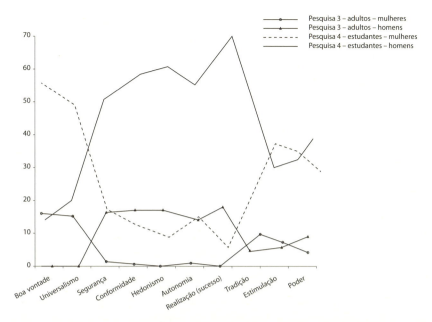

Figura 2.10 – *Preferência de valores segundo o gênero (Pesquisas 3 e 4 de SVS)*

Esses dados vão no mesmo sentido dos de Gilligan (1982) que afirmava que os homens desenvolvem uma moral de imparcialidade e de justiça, e as mulheres uma moral de solicitude ou compreensão.[42] Schwartz e Rubel (2005) assinalam igualmente que, em geral, as diferenças de gênero são confiáveis que a idade, e mais ainda, a cultura explica mais melhor a variância, e que às vezes, por isso, os resultados divergem. Os trabalhos de Hofstede mostraram também que os valores femininos diferem dos valores masculinos dependendo da sociedade considerada. Com efeito, os homens podem desenvolver valores

---

42 Entretanto, ao que parece, esses dois tipos de *morais* coexistem nos dois gêneros (TOSTAIN, 1999), e de um modo geral, deve-se reler os papéis efetivos num contexto bem peculiar, assim como em situações em que os sujeitos tem (algo) a justificar: Por exemplo, as mulheres usam em certos casos uma moral de solicitude, mas em outros uma moral de imparcialidade e de justiça.

"masculinos" da assertividade e da competição bem opostos aos das mulheres da modéstia e da preocupação com os demais; elas podem, por outro lado, desenvolver valores bastante similares. Em geral, nas diversas culturas "femininas" as mulheres têm os mesmos valores da modéstia e da preocupação com os outros que os homens. Nas culturas "masculinas" elas desenvolvem os valores da assertividade e da competitividade, ainda que menos que os homens.

5 – Idade

Feather (1977) usando a proposta metodológica de Rokeach (1973), demonstrou, por um lado, a existência de uma correlação entre idade e o conservadorismo, e por outro, que este vínculo depende do tipo de valor. Assim, os valores terminais *segurança* e *respeito de si* estão positivamente correlacionados com a idade. O mesmo vale para os valores instrumentais: *ser cortês* e *andar asseado*. Por outro lado, os valores terminais de *uma vida animada* e *liberdade* e os valores instrumentais de *ser imaginativo* e *ter mente aberta*, estão correlacionados negativamente com a idade. Outros valores não estão em absoluto correlacionados à idade (*uma vida confortável, alegria, coragem, regozijo* etc.).

Em 1983, Stoetzel demonstrou igualmente, a partir de uma amostra de pessoas europeias que as mais jovens privilegiavam valores morais inovadores, enquanto as de mais idade privilegiavam valores morais tradicionais (Figura 2.11). De modo similar, Helkama (1999) demonstrou que as pessoas de mais idade atribuem uma importância maior aos valores do *conservadorismo* (*tradição, segurança, conformidade*), enquanto as pessoas mais jovens privilegiam a *animação* e o *hedonismo*. Por fim, uma pesquisa no âmbito da Europa (1999) levada adiante na França com uma amostra de 1.615 pessoas (extraída da *World Values Survey*, 2005) indica que quanto mais as pessoas têm idade, tanto mais elas pensam que existam guias incondicionais relativos ao *Bem* e ao *Mal*.

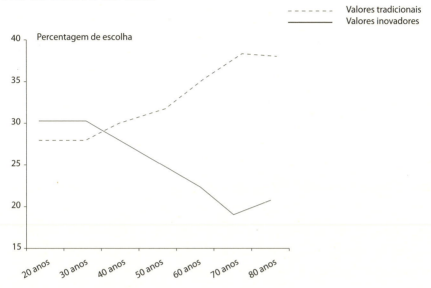

Figura 2.11 – *Escolha de diferentes tipos de valores em função da idade* (STOETZEL, 1983, p. 31)

Segundo Schwartz (2003), as pessoas mais idosas de um modo preferencial internalizam as normas, estão menos expostas a mudanças e aos desafios. A idade deve, pois, correlacionar-se positivamente com valores relativos ao *conservadorismo* (*tradição, conformidade, segurança*) e negativamente com valores relacionados à *abertura à mudança* (*autonomia, estimulação ou vida movimentada*) e com o *hedonismo*. Por outro lado, o fato de constituírem uma família e ocupar uma posição estável levam as pessoas a estarem menos preocupadas consigo e a estarem mais orientadas para o bem-estar dos demais. A idade deveria portanto, correlacionar positivamente com os valores de *transcendência de si* (*boa vontade, universalismo*) e negativamente com valores relativos à *afirmação de si* (*poder, realização* ou *sucesso pessoais*). Uma pesquisa levada a efeito na Itália e na África do Sul confirmou estas hipóteses: Na medida em que a idade avança, não apenas atribui-se mais importância aos valores relacionados ao *conservadorismo*, mas também aos valores de *transcendência de si* (Figura 2.12).[43]

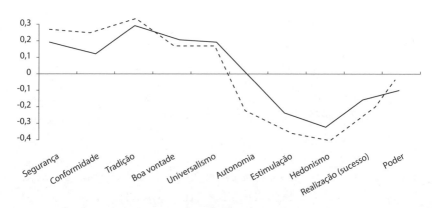

Figura 2.12 – *Correlações entre idade e valores*
(SCHWARTZ, 2003)

Chataigné, Schadron e Morchain (2009) demonstraram por outro lado uma interação entre a idade das pessoas e seu grupo social. No que diz respeito aos valores relacionados ao *conservadorismo*, quanto mais os participantes são de idade mais avançada, mais eles lhes atribuem importância. Mas isso vale especialmente para pessoas *escolhidas*

---

43 A amostra da África do Sul era composta de asiáticos, negros "pessoas de cor" e brancos.

aleatoriamente, comparadas com estudantes de psicologia e biologia. No que diz respeito à importância dada à *transcendência de si,* o tipo de grupo e idade interagem igualmente, mas de um modo diverso: São, essencialmente, os estudantes de psicologia que atribuem muito mais importância à *transcendência de si* que os que têm mais idade. Com efeito, é provavelmente devido à interiorização desses valores importantes para os futuros psicólogos. Assim, ainda que a importância atribuída aos valores dependa claramente da idade dos sujeitos, ela depende não somente dos valores considerados, mas também do tipo de pesquisa.

6 – Tipo de estudos

Vernon e Allport (1931) compararam os resultados de diversos grupos de estudantes ou de profissionais às médias de homens não estudantes. Eles demonstraram que os *psicólogos* privilegiavam antes de mais nada, os valores teóricos e estéticos, mas eram menos atraídos para os valores econômicos; os *cientistas*[44] eram, por sua vez, mais motivados para valores teóricos e menos pelos econômicos (mas nessa categoria, os estudantes de Biologia privilegiavam mais os valores estéticos que os estudantes de Física). Os *engenheiros* e os *estudantes de Administração* estavam mais voltados para os valores econômicos, os *estudantes de Direito* mais para os valores *políticos*; por fim, os *estudantes de Literatura* (Letras) estavam menos voltados para os valores teóricos e mais para os estéticos. Os *vendedores* estavam mais motivados pelos valores econômicos e políticos; e os *teólogos* sentiam-se atraídos pelos valores sociais e bem acima da média,

---

[44] Estudantes das áreas de Ciências Naturais ou Exatas (NT).

pelos valores religiosos e menos pelos valores econômicos que os católicos em geral. Verkasalo e Niit (1994, citados por HELKAMA, 1999) compararam os estudantes de três *campos de estudos ou áreas de atividades* (comércio, tecnologia e ciências humanas). Independentemente do país, os estudantes do campo do comércio valorizavam bem mais o *poder* e a *realização de si* que os estudantes de Tecnologia. Esses últimos atribuíam uma grande prioridade a esses valores que os estudantes de Ciências Humanas e Sociais. Esses dois tipos de valores ao que parece, estariam vinculados antes à economia que à nacionalidade. Sagiv e Schwartz (2000, p. 189) demonstraram que os estudantes de psicologia atribuem mais importância aos valores do *bem-estar* e *universalismo* que os estudantes da área do comércio (administração); esses últimos atribuem mais importância aos valores do *poder* e da *realização, sucesso.* Ora, os estudantes de psicologia desenvolvem de preferência crenças e práticas das relações com os outros, e os estudantes do comércio (administração) desenvolvem crenças e práticas mais relacionadas com o individualismo, e este por sua vez, relacionado com a ideologia. Por fim, de um modo mais geral, quando o nível da educação aumenta, os valores da *autonomia* ganham mais importância. Quanto à independência profissional, parece ir *pari passu* com uma prioridade atribuída aos valores do *universalismo* e da *autonomia* (HELKAMA, 1999).

7 – Valores e personalidade

> *Aquilo que um ser humano vê num valor, especialmente o que ele vê no valor mais elevado da vida, aquele que torna a vida importante aos seus olhos, é este que devemos conhecer, se quisermos compreender uma personalidade.*
>
> STERN, 1923,
> citado por Allport e Vernon, 1930, p. 697

Segundo Shri Aurobindo (*Le Cycle humain*, citado por CARFANTAN, 2006), teríamos três tipos de seres humanos. O *ser humano vital* que situa o sucesso social e o lucro no topo da escala de valores e bem abaixo, os valores estéticos e intelectuais. O *ser humano mental* que coloca no topo os valores intelectuais e os valores estéticos e mais abaixo os valores econômicos. E o *ser humano ético* que coloca no topo da escala de valores, os valores morais.

Para Spranger (1928), a compreensão do *funcionamento* do ser humano passa pelo fato de se levar em conta os valores que são, por sua vez, limitados em número; as características psicológicas são marcadas pela avaliação (gerada pela consideração dos valores) e permitem definir diferentes tipos de seres humanos. Para ele os valores são motivações que levam as pessoas a privilegiarem essa ou aquela dimensão de um objeto. Para Spranger, o ser humano "teórico" está principalmente, preocupado com a descoberta da *verdade*; o importante para ele é observar e raciocinar, ele busca ordenar e sistematizar os seus conhecimentos. O ser humano "político" está de um modo preferencial interessado pelo *poder*, mas contrariamente ao que poderíamos pensar, ele não se situa necessariamente no campo da política. O ser humano "econômico" tem seu interesse voltado para o que seja útil. Ele procura acumular bens, volta-se para o consumo, para o mundo dos negócios. O ser humano "estético" vê na *forma* e na *harmonia* os valores mais elevados. Spranger vê nesse tipo de ser humano um tipo oposto ao tipo teórico. Para o ser humano "social", o *amor* – seja qual for a sua manifestação –, é o mais elevado dos valores. Em sua forma extremada, o ser humano "social" pode aproximar-se de uma atitude religiosa. Para o ser humano "religioso", por fim, a *unidade* é o mais alto dos valores. Ele busca compreender os cosmos, e compreende-se a si mesmo como vinculado a este último. Ele pode ser místico. Spranger pensa que todos esses tipos de valores coexistam em degraus diversos, em cada pessoa, e que esses valores relacionam-se entre si das mais diversas maneiras. Não existiria, para ele, um tipo "puro". Para Lavelle (1950, p. 17):

> [...] Nunca é demais dizer de uma pessoa que ela tem um valor, uma vez que este valor que está nela é aquele que a faz ser ela, é ela mesma.

Segundo Norman Feather, como vimos, os valores proporcionam também o sentido de si para a pessoa. Claramente, em todos os casos, os valores estão ligados a algumas dimensões da personalidade. Por exemplo, já foi demonstrado que os valores (Schwartz) mais correlacionados positivamente com o *autoritarismo* são a *conformidade, a tradição, a segurança, o poder* e a *boa vontade* (ROHAN e ZANNA, 1996). Em outras palavras, esses valores são os privilegiados pelas pessoas autoritárias. No caso do *automonitoramento* (veja o quadro a seguir), foi demonstrado que os sujeitos que creem que suas atitudes preenchem uma função de expressão de seus valores pessoais (LE BON, 1987) são os mais sensíveis aos argumentos que levam em conta os valores. Enquanto os sujeitos que acreditam que as suas atitudes preenchem uma função de ajustamento social estão mais atentos aos argumentos que eles pensam que vêm de seus pares (MURRAY, HADDOCK e ZANNA, 1996). Bilsky e Schwartz (1994) demonstraram por seu turno, a existência de um vínculo entre as diferentes variáveis da personalidade e a prioridade dos valores das pessoas. Por exemplo, a franqueza e a agressividade estão ligadas aos valores *poder* e *sucesso*, e às preocupações com a saúde e com a inibição (não querer chamar muita atenção sobre si) estão relacionadas com os valores *segurança* e *conformidade*. A extroversão está, enquanto ela mesma, vinculada aos valores do *hedonismo* e da *animação*. Roccas, Sagiv, Schwartz e Knafo (2002) puderam demonstrar a relação entre os valores e as *Big Five* (modelo de personalidade; ROLLAND, 2004).[45] Em particular, a dimensão caráter *socialmente agradável* correlaciona-se com os valores como *boa vontade* e *tradição*; a dimensão *abertura à realidade* correlaciona-se com os valores como *autonomia* e *universalismo*; a dimensão *extroversão* correlaciona-se com os valores tais como *sucesso ou realização* e *animação, motivação*, e por fim, a dimensão de *ser consciencioso* correlaciona-se aos valores, *realização* e *conformidade*. Entretanto, se duas dimensões estão vinculadas, nada nos indica que uma esteja na origem, ou seja, a causa da outra. A correlação pode simplesmente vir do fato de que os sujeitos respondem a dois questionários e buscam mostrarem-se coerentes em suas respostas. E finalmente, ainda que os *valores* e os *traços de personalidade* estejam de algum modo vinculados, eles devem ser claramente diferenciados. Com efeito, os valores remetem àquilo que a pessoa pensa ser o desejável ou importante e os traços de personalidade remetem àquilo que a pessoa é ou àquilo que ela julga ser (ROCCAS *et al.*, 2002). Ainda que possamos estabelecer um vínculo entre os valores e a personalidade, seria arbitrário reduzir uns aos outros. Apesar de as pessoas privilegiarem alguns valores, essa hierarquia pode estar relacionada ao que as pessoas são ou seriam, mas ela (a hierarquia) não é independente das situações.

---

45 As traduções variam muito, apresentamos aqui as traduções mais próximas ao original: Neuroticismo ou instabilidade emocional (*Neuroticism*); extroversão (*Extraversion*); sociabilidade (ser socialmente agradável) (*Agreeableness*); escrupulosidade (ser consciencioso – *Conscientiousness*); abertura para a experiência (*Openness to Experience*) (NT).

> **Automonitoramento?**
>
> As pessoas podem agir segundo as pressões do contexto ou de maneira coerente com os seus valores pessoais (SNYDER, 1979, 1987). Segundo esse ponto de vista, as pessoas ditas *low monitors* (de baixo controle externo) agem de acordo com seus valores, com aquilo que elas julgam que são enquanto as pessoas *high monitors* (com alta dependência das circunstâncias) agem preferencialmente de acordo com as exigências das circunstâncias. Esses *modos de funcionamento* psicológico levam as pessoas a prestarem atenção a argumentos diferentes, a escolher os seus *partners* por razões diferentes etc.

8 – A relação com os contextos e com as práticas

Se nos interessarmos, por exemplo, pelas "imagens" e pelas crenças ao longo dos séculos, a relação entre os valores e as práticas sociais e os sistemas de crenças é evidente. Por exemplo, Élisabeth Badinter (1980) analisa a evolução do sentimento materno e discute a questão da dimensão ideológica subjacente a ele, em especial, a justificação do sistema. Maisonneuve e Brucho-Schweitzer (1981) analisaram a evolução da imagem do corpo, que é eminentemente avaliativa. Quanto a Chombart de Lauwe (1979) e Ariès (1973) eles estudaram a evolução da representação da criança: De uma representação com conotações negativas ela passou para uma idealização da criança, que Chombart de Lauwe (1984) chega a associar a um mito. De um modo ou de outro, esses autores evocam o fato de que quando as práticas mudam, os valores mudam. Mas vamos mais longe. Sabemos a partir das pesquisas de Newcomb (1943) que os valores (e de um modo mais amplo, os sistemas de crenças) das pessoas dependem de sua integração em diferentes grupos sociais (BOURHIS e GAGNON, 1994; BOURHIS e LEYENS, 1994). Do mesmo modo, Newcomb e seus colaboradores estudaram a evolução das atitudes políticas de estudantes da faculdade de Bennington, como o demonstra a Tabela 2.6, na qual se comparam as atitudes de seus pais em relação aos candidatos à presidência de 1936, com a das filhas; vê-se que claramente as atitudes dessas se *desviam* segundo o seu ano de estudo (especialmente, segundo a integração em seu grupo social). Muitos anos mais tarde, os autores interrogaram as antigas estudantes, e demonstraram que os valores liberais, que eram então propostos em Bennington, haviam persistido (Apresentação sintética de Tiboulet, 2005).

	1º. ano		2º. ano		3º. e 4º. Anos	
	Estudantes	Pais	Estudantes	Pais	Estudantes	Pais
Landon (republicano)	62	66	43	69	15	60
Roosevelt (democrata)	29	26	43	32	64	36
Thomas (socialista) Bowder (comunista)	9	7	15	8	30	4

Tabela 2.6 – *Opiniões em percentagem das estudantes e de seus pais quanto aos diversos candidatos*

A integração no grupo, claro, não é o único fator do contexto suscetível de interferir sobre os valores. O fato de viver uma experiência bem particular pode igualmente influenciar. Assim, um estudo piloto feito com uma amostra bem restrita (a Tabela 2.7 é apresentada a título de exemplo indicativo, uma vez que estatística alguma referencial foi calculada em vista do montante limitado das amostras) demonstrou igualmente que a hierarquia dos valores entre os astronautas da NASA muda depois de um voo espacial (SUEFELD, 2006). Em especial, a importância atribuída aos valores de *transcendência* (aqui, *espiritualidade* e *universalismo*) aumenta efetivamente, tanto nos homens como nas mulheres. Nota-se também, entre as mulheres, uma baixa na valorização atribuída aos valores relativos à *realização* ou ao *sucesso*. Quanto ao pessoal de solo, ao contrário, não há mudança alguma na hierarquia de valores.

Para voltarmos para a Terra, um outro estudo demonstrou como os sistemas de valores são *sensíveis* aos eventos exteriores, à ocorrência de atos de terrorismo. Assim, depois dos atentados de Madrid (11 de março de 2004), as pessoas interrogadas na Espanha demonstraram um alto grau de *autoritarismo*, de conservadorismo e de preconceitos racistas, não somente contra os grupos árabes, mas também contra os judeus. Por outro lado, a adesão aos valores conservadores aumentou enquanto os valores relativos à liberdade decresceram (ECHEBARRIA--ECHABE e FERNANDEZ-GUEDE, 2006).

	Homens		Mulheres	
	Antes do voo	Depois do voo	Antes do voo	Depois do voo
Realização (sucesso)	1.43	1.60	1	.13
Hedonismo	.46	.90	.52	.10
Boa vontade	.46	.90	.23	0
Transcendência	.11	1.20	.58	1.10

Tabela 2.7 – *Mudança de valores entre os astronautas*

IV
A questão da mudança de valores

Minha avó dizia muitas vezes: "Não existem mais valores!", ao que o vizinho respondia: "Isso lá é bem verdade!". É bastante trivial afirmar que os valores mudam, que eles podem ser antigos, atuais ou novos. Mas quais são as condições em que os valores mudam e até que ponto, eles mudam mesmo? Para Rezsohazy (2006) não é senão depois que um problema acontece que os valores são postos em questão. Esse problema pode ser de ordens diferentes, mas perturba o sistema de valores. Se esses últimos podem *responder* ou solucionar, o problema está resolvido e o sistema fica mantido. Por outro lado, se ele não puder resolver, pelo fato de ser um instrumento social "insuficiente", acontece o colapso do sistema de valores, ou ainda a decomposição seguida de uma recomposição.

A ideologia é descrita muitas vezes como o lugar onde são criados os valores novos:

> Muitas vezes difusos ou latentes, esses novos valores encontram por fim a sua formulação num esquema ideológico que os explicita. Chega-se assim ao que chamamos de valores novos, ainda que sejam, na realidade, valores antigos ou atuais, que a ideologia redefine em relação ao contexto novo ou aos quais ela dá um sentido que tinha até então permanecido implícito, ou ainda que ela os apresente sob uma ótica diferente por arranjos originais pelos quais ela os submeta num novo sistema de ideias e de juízos (ROCHER, vol. 3, p. 90; REZSOHAZY, 2006).

Assim, parece que uma mudança de valores seja mais uma mudança na hierarquia dos valores: Os valores dominantes enfraquecem e seriam substituídos por uma nova ordem de valores que se deslocaram e/ou que variaram. Outra explicação é a de Milgram (1974) que pensava que, diversamente, o sentido moral dos sujeitos tendo participado da experiência de submissão à autoridade não teria mudado, mas o que teria mudado seria simplesmente o objetivo:

> *O interesse não aponta mais para o juízo de valor sobre as ações. O que preocupa agora é mostrar-se digno daquilo que a autoridade espera dele.* (ROCHER, 1968, vol. 1, p. 25; BOUDON, 1995, p. 83).

A mudança de valores seria, portanto, sempre vinculada ao contexto (SELIGMAN e KATZ, 1966).

Se com muita dificuldade podemos garantir que os valores mudam, podemos, por outro lado, nos interessar pelos fatores que poderiam ensejar a sua mudança. Podemos também nos questionar de que mudança estamos falando ou que está em questão. Uma abordagem interessante é a de Maio e Olson (1998), que considera os valores como truísmo. Um truísmo, segundo McGuire (1964, p. 201) é uma informação que parece evidente e indiscutível. Os valores são truísmos uma vez que não são controvertidos; as pessoas aderem a eles totalmente. O que na maioria das vezes acontece, é que elas podem estar profundamente de acordo com um valor – ou contra – sem conhecer as razões de seu apoio ou de sua oposição. Os valores se impõem a todos sem grandes discussões, para Rokeach, graças à socialização e à rigidez do processo de aprendizagem; para Schwartz pelo fato de os valores terem em mente necessidades humanas "universais"; Maio e Olson (1998) assinalam que os conflitos de valores focalizam questões relacionadas aos valores, mas nunca relacionadas aos valores mesmos: Podemos *brigar* em nome da *liberdade*, sem nunca pôr em questão a ideia mesmo de *liberdade*, seus fundamentos e implicações. Por isso, as pessoas devem apresentar um amplo acordo para com os valores, ainda que estivessem pouco conscientes das razões pelas quais elas os sustentam (é, por outro lado, o caso dos valores autojustificantes). Se os valores são truísmos, eles deveriam ter duas características: De um lado, as pessoas deveriam mostrar um alto grau de concordância para com eles, e por outro lado, eles deveriam ser fracos na apresentação de um suporte cognitivo. E a partir disto, levar as pessoas a refletir sobre os fundamentos dos valores deveria levá-las a mudá-los.

Num estudo piloto, Maio e Olson demonstraram que os valores de *transcendência de si* (SCHWARTZ, 1992) impõem-se mais que os truísmos médicos utilizados por McGuire (1964). Uma primeira experiência demonstra claramente que quando os sujeitos dispõem de um suporte cognitivo (eles elencam as razões subentendidas aos valores), a importância que eles atribuem aos valores, muda. Em especial, o fato de elencar uma lista de razões subjacentes aos valores de *transcendência* faz com que elas mudem ao passo que o elenco da lista de razões não levou a mudanças nos valores de *abertura à mudança*. Essa mudança, bidirecional, não se traduz numa polarização, numa postura extremada do valor. Numa segunda experiência, a força do apoio cognitivo foi manipulada. Os resultados mostraram que quando um suporte cognitivo dos valores é forte, a importância que lhe é atribuída não muda. Por outro lado, e esse resultado reproduziu os da primeira experiência, quando o suporte cognitivo for fraco, a análise das razões subjacentes aos valores de *transcendência* enseja uma maior mudança na importância que lhes é atribuída que aquela dada aos valores de *abertura à mudança*. Nota-se, por fim, que a mudança assinalada por Maio e Olson é na realidade uma mudança na importância atribuída ao valor, não uma mudança no valor em si.

Todos os valores são truísmos? Provavelmente não. Para Maio e Olson (1988) alguns valores podem ser mais truístas que outros. Em nível individual os valores mais centrais, aqueles ligados à própria definição de si, podem apresentar um suporte cognitivo mais importante que os outros, com isso, serem menos susceptíveis de mudança. Pode ser que seja possível que os valores sejam menos truístas entre as pessoas de mais idade que entre os jovens. Entretanto, isso não é abordável, a não ser que o fato de as pessoas de mais idade serem levadas a desenvolver um suporte cognitivo para os valores; por outro lado, não se pode duvidar que, pelo fato de sua inserção sólida e de longa data, num sistema cultural, que eles tenham ainda mais integrados os valores em si sem questionar-se sobre os seus fundamentos. Por outro lado, os fatores culturais podem exercer alguma influência. Por exemplo, numa sociedade que propõe diversos modelos ideológicos, na realidade a comparação induz e as pessoas podem ser levadas a examinar as razões de seus valores, ou mesmo a serem motivadas a fazê-lo, para poderem defendê-los. Com isso, esses valores seriam menos truístas. Maio e Olson observam que os países europeus debatem nos dias de hoje ideologias diversas (socialismo ou comunismo *vs* capitalismo) e que os Estados Unidos têm a mesma ideologia há mais de 200 anos. Decorre disso que os valores deveriam ser mais truístas para os norte-americanos que para os europeus. Por outro lado, segundo o contexto cultural e societário, alguns valores podem ser mais susceptíveis de serem questionados que outros. Alguns valores específicos, como o *poder*, não funcionam como um truísmo uma vez que são controversos ou debatidos. Por outro lado, não foram, quem sabe, questionados jamais de modo aberto uma vez que seriam *absolutos metafísicos*.

Capítulo 3

Para que servem os valores?

I
Os valores são guias: eles têm uma função de orientação

Segundo Klickhohn e Strodbeck (1961, citados por ROCHER, 1968, vol. 1), o número de problemas fundamentais com os quais o ser humano se confronta, bem como o número de soluções possíveis é limitado. A escolha de uma solução corresponde a um valor predominante num momento dado. As outras soluções não preferidas continuam, portanto, presentes sob o título de valores variantes ou substitutos. Os valores são aqui concebidos como orientações para as escolhas, agindo no nível consciente: A escolha entre valores diversos leva o sujeito e as coletividades a decidir que alguns modelos são mais *conformes* que outros ante a sua visão de mundo, ao seu ideal de vida, à ideia que eles fazem de ser humano e de seu destino...

I – Percepção e juízo social

A expressão *juízo social* remete aqui ao fato de que o juízo depende do contexto social e que o objeto ou alvo é um ser humano (indivíduo ou grupo). Vivemos num contexto histórico, econômico, político (para falar sucintamente, um "contexto ideológico") que nos leva a perceber o mundo, a tomar posições, a julgar o outro e a agir (AMERIO, 1991). Essas normas e valores societários assumem maior vulto e peso ao longo da discussão e da decisão coletiva (MYERS e BACH, 1974). Alguns valores culturais favorecem a assunção de riscos: Às vezes os jovens, querendo aparentar que não têm medo, buscam se deslocar para uma posição de risco quando interagem com seus pares (BROWN, 1965); e as pessoas gostam muitas vezes daqueles que assumem decisões arriscadas (JELISON e RISKIND, 1970). Julgamos, portanto, dentro de certos contextos bem particulares, nos quais os determinantes de nossos juízos não estão sob nosso controle (BARGH, 1997, 1999, 2006; NISBERT e BELOWS, 1977; SCHADRON, 1997), mas nos quais os valores estão sempre presentes, seja em termos ideológicos, seja em termos do valor associado ao juízo, à pessoa etc.

Percepção do objeto

Em 1947, Bruner e Goodman demonstraram que as crianças subestimam a altura das pilhas de moedas em relação à pilha de discos de cartão do mesmo diâmetro. Essa subestimação varia de acordo com os contextos sociais: Ela era maior para as crianças de meios desfavorecidos que para as crianças de meios mais favorecidos. O objeto de juízo está aqui longe de ser um qualquer, é um que está *carregado* de valor econômico. Segundo Tajfel (1957), o efeito da acentuação não se produz senão quando ele corresponde a um valor e uma outra dimensão do objeto (por exemplo, quanto mais o valor das peças (moedas) aumenta, tanto mais a sua percepção da diferença de altura cresce. Por sua vez, Postman, Bruner e McGinnies (1948) demonstraram que as palavras que tinham um valor significativo são reconhecidas mais rapidamente que as palavras de valor mais fraco. Segundo eles, a orientação do sistema de valores tem uma função de *sensibilização*:

Ela abaixa o *limite perceptivo*. Mas ela pode também elevar o limite para os objetos-*stimuli*[46] não aceitáveis (função da *defesa perceptiva*). Por fim, a pessoa perceberá mais facilmente objetos-*stimuli* que se situam numa mesma faixa de valor que suas hipóteses favoritas (*résonance* ao valor; FORGAS 1990, 1992). Jozef Nuttin colocou também em evidência o *Letter's Name Effect* em 1985: Somos influenciados inconscientemente em nossas preferências por letras ou palavras, nosso nome e/ou sobrenome, e as datas como a de nosso nascimento. Ele demonstrou também que o valor de um preconceito no reconhecimento ulterior de um valor: Quando os sujeitos são informados quanto ao valor de um objeto antes de observar uma cena de roubo, 19% reconhecem o ladrão quando o objeto é de pouco valor (por exemplo, US$ 1,50); mas são 50% quando o objeto é de grande valor (US$ 50,00, por exemplo) (LEIPPE, WELLS e OSTROM, 1978; PY e GINET, 1996). Quanto a Ederlyi e Appelbaum (1973, citados por LE FLOCH e SOMAT, 1998), eles demonstraram que o valor atribuído a um objeto pode alterar a qualidade da relação de outros *stimuli*. Eles apresentaram aos sujeitos de confissão religiosa judaica uma cruz gamada (de valor negativo), uma Estrela de Davi (com forte valor positivo) e um objeto sem um valor em especial, cercados de oito outros objetos. Segundo a hipótese, a presença da Estrela de Davi ou da cruz gamada no centro da imagem do monitor alterava significativamente a relação com os demais *stimuli*; a atenção dos sujeitos estava focada sobre o objeto de valor avaliativo forte. É a intensidade desse valor que altera a memorização, e não o valor enquanto tal. Por outro lado, no caso presente, é o valor em si do objeto que conta, é a emoção, é o fato de o objeto estar

---

46 Mantivemos o termo *stimuli* por se tratar mais que simples estímulo, mas um objeto dentro de um *set* experimental; um termo técnico (NT).

carregado de valores que remetem de um lado à identidade do grupo e por outro, às relações intergrupais marcadas tragicamente pela História? Num contexto mais ambíguo, Deconchy (1993) apresentou aos sujeitos um *stimulus* com o qual se queria representar a fisionomia de Cristo, como vem representada na iconografia religiosa. Na realidade, o material, ambíguo, era apresentado como remetendo (uma vez) a uma causalidade miraculosa (uma fotografia tirada por uma pessoa crente por ocasião de uma peregrinação), ou (outra vez a uma causalidade) tecnológica (uma montagem fotográfica). Os resultados demonstraram que os crentes viam menos a imagem de Cristo na condição de "causalidade miraculosa". Segundo Deconchy, acontece que os sujeitos ficam *imunes* contra aquilo que os coloca muito em questão (DECONCHY, 2000).

Imagem de si, formação de impressões e juízo do outro

> A formação da impressão não pode ser reduzida a um simples tratamento cognitivo da informação, mas é certa e profundamente afetada pelos valores, pelos critérios e normas da cultura circunstante. (FORGAS, 1985, p. 5)

Para Rokeach (1973), os valores permitem ao indivíduo manter e aumentar a estima de si. Chin e McClintock (1993) demonstraram que a estima de si dos sujeitos competitivos é mais forte quando a situação os obriga a atribuir alocações de maneira consistente com suas orientações de valores. Entretanto, esse fenômeno não se produz com indivíduos pró-sociais obrigados a ser equitativos. Por outro lado, sabemos a partir das pesquisas de Codol (1976) que a pessoa tem a tendência de valorizar mais que a média das demais pessoas, o que lhe permite preservar o sentimento de uma identidade positiva.

Essa tendência depende das normas e valores grupais: Quando a norma é (pró) competitividade os sujeitos tendem a se valorizarem como mais competitivos que os demais membros do grupo: Quando a norma é (pró) cooperativa eles tendem a valorizar mais as dimensões cooperativas que os demais (CODOL, 1968).

Quando falamos do outro, nós, de um modo geral, o avaliamos: A maior parte entre nós diz que não julga o outro, mas não tem problema algum em achá-lo *simpático* ou *honesto*, por exemplo. Isabelle Milhabet e Jean-Marc Monteil (1995) diferenciam a *descrição*, que revelaria as propriedades ou atividades das pessoas, e *avaliação* que daria conta de seu valor ou da utilidade social do outro. Eles chegaram a demonstrar que falando do outro, os sujeitos focam especialmente no registro avaliativo. Entretanto, isso depende da natureza da tarefa: A utilização de traços da personalidade é massiva na avaliação, e ao contrário, os traços psíquicos são usados preferencialmente na descrição.

A partir das pesquisas de Asch (1946) sobre a formação da impressão, sabemos que alguns elementos têm mais impacto sobre as impressões que formamos de outrem. Ele demonstrou que, numa lista que descreve uma pessoa fictícia, algumas palavras de modo determinado estruturam a impressão (no caso *caloroso* e *frio*, fortemente avaliativos).[47] Os termos menos avaliativos (*polido* e *grosseiro*) parecem que estruturam menos a impressão. Por sua vez, Labourin e Lecourvoisier (1986) demonstraram que uma palavra-traço tem tanto mais impacto na formação da impressão quando ela é polarizada sobre uma dimensão avaliativa. Anderson

---

47 Descrita uma vez como *inteligente, correto, trabalhador, caloroso* (próximo), *determinado, prático e prudente;* e outra vez como *inteligente, correto, trabalhador, frio* (distante), *determinado, prático* e *prudente*.

(1974) demonstrou que a formação da impressão é feita seguindo um modelo por média, isto é, que as pessoas levam em conta o caráter positivo ou negativo dos atributos, sua importância e impressão inicial. Kanouse e Hanson (1971) demonstraram que os traços negativos tinham muito mais peso que os traços positivos na formação da impressão. Quanto aos estudos de Forgas (1985), ele sustenta que os valores determinam as estratégias cognitivas adotadas pelas pessoas quando elas têm que julgar alguém.

Tudo bem julgar uma pessoa, contanto que se fale de seus aspectos bons. Esse fenômeno parece ser geral e remete ao que Boucher e Osgood (1969) chamaram de *efeito Poliana*: Os seres humanos tendem a utilizar preferencialmente palavras positivas a negativas, que por outro lado, são menos frequentes. Para dizer isso sucintamente, o ser humano demonstra uma clara tendência a ver o mundo de um modo positivo, e seus julgamentos do outro são, em geral, positivos.[48] Se isso for assim, o efeito Poliana seria variável. Ele aparece entre sete e oito anos: Antes dessa idade, as crianças julgam de modo menos positivo e têm menos hesitação na emissão de seus juízos; depois dessa idade, seus juízos são mais positivos e elas se mostram um tanto hesitantes antes de apresentá-los (DROZDA-SENKOWSKA, 1990). Por outro lado, o efeito Poliana continua sendo muito dependente do contexto social (DROZDA-SENKOWSKA e PERSONNAZ, 1988; DROZDA-SENKOWSKA e DÉBARD, 1991; AMABILE e GLAZEBROOK, 1982). Essa norma da boa vontade constitui uma norma da reciprocidade de base (cada um espera que o outro tenha boa vontade para com ele), ela está também vinculada à igualdade, "um dos valores

---

48 Alusão ao personagem de Eleanor H. Porter – Polyana – que via o mundo e tudo o mais, no mínimo, cor-de-rosa (NT).

predominantes de nossa cultura", considerada "como uma das condições para a harmonia das relações no seio de uma sociedade" (CODOL, 1971, pp. 1053-1054).

Categorização social e identidade social

Não podemos falar de juízo social sem ter em mente a categorização social. Com efeito, é mais fácil julgar as pessoas categorizadas como membros de grupos que as pessoas que formam apenas um agregado (SCHADRON, MORCHAIN e YZERBYT, 1996). Por outro lado, o fato de ser categorizada não deixa de ter consequências avaliativas. Por exemplo, Tajfel demonstrou que o simples fato de categorizar aleatoriamente sujeitos em dois grupos enseja o aparecimento de *tendências* ou vieses pró-endogrupo, isto é, a tendência a super-avaliar (positivamente) seu próprio grupo e desvalorizar o outro grupo (FERGUSON e KELLEY, 1964; TAJFEL *et al.*, 1971) ou atribuir-lhe valores diferentes (BETANCOR *et al.*, 2003), um fenômeno chamado de "etnocentrismo" por Sumner (1906). Os valores desempenham um papel significativo na categorização (TAJFEL, 1972; LEYES, ASPEEL e MARQUES, 1987). Por exemplo, a categorização depende daquilo que os sujeitos percebem como importante; segundo TAJFEL (1972) o papel dos valores na categorização é duplo. Em nível da *formação das categorias,* inicialmente, Tajfel e Jahona solicitaram às crianças que comparassem os países representados por quadrados de plástico negro de altura variável.

Os resultados demonstraram que enquanto as crianças de mais idade ordenam os países estrangeiros em termos de grandeza, as crianças de seis ou sete anos os classificam, inicialmente por ordem de preferência, segundo percebidos como bons ou maus. Tajfel confirma assim que:

> [...] A assinalação de categorias sociais é influenciada fortemente pelo modo de validação que vem imposto pelo consenso social e pelos sistemas de valores. (TAJFEL, 1972, p. 276)

Os valores desempenham, além do mais, um papel no plano da *manutenção das categorias*. De um lado, eles permitem a atribuição ou assinalação das categorias sociais: Toda e qualquer informação vem selecionada e reinterpretada com o objetivo de reforçar e de confirmar a estrutura das categorias avaliativas. Mais especialmente:

> Quanto mais existirem diferenças de valores entre as categorias sociais, mais os valores de atribuição tendem à inclusão nas categorias valorizadas negativamente e à exclusão nas categorias valorizadas positivamente. (pp. 283-284)

Em termos mais triviais, isso significa que não se deve "fechar os olhos" ante um sujeito percebido como "impuro" (TAJFEL, 1969; ver também MARQUES, 1990; MARQUES e YZERBYT, 1988). Essa tendência parece particularmente clara quando os critérios de reconhecimento do alvo a ser julgado são incertos (PETTIGREW, ALLPORT e BARNETT, 1958; citados por TAJFEL, 1972). Além da assinalação às categorias sociais, os valores contribuem para que elas sejam delimitadas claramente. Por fim, os sistemas de categorias carregados de valores resistem mais facilmente ao *feedback* de uma informação contraditória, que muitas vezes será transformada de modo a eliminar a contradição e manter as diferenças categoriais. Os sistemas categoriais carregados de valor tendem assim a "ampliar as diferenças mínimas ou minimizar as diferenças *graúdas*" (TAJFEL, 1972, p. 287), nesse caso, "deve-se, em geral, esperar encontrar uma super-simplificação considerável" (*ibidem*).

> **A sobreinclusão na categoria negativa:**
> **Dois exemplos**
>
> O primeiro, do qual não será discutida aqui a sua veracidade histórica, encontra-se no Antigo Testamento (Jz. 12, 5-6): "Depois os homens de Galaad tomaram a Efraim os vaus do Jordão, de maneira que, quando um fugitivo de Efraim dizia: 'Deixai-me passar', os galaaditas perguntavam: 'És efraimita?'. Se dizia: 'Não', lhe respondiam, então dize: Chibolet. Ele dizia Sibolet, porque não conseguia pronunciar de outro modo. Então o agarravam e o matavam nos vaus do Jordão. Caíram naquele tempo, 42.000 homens de Efraim".[49] O segundo exemplo é o de Martines de Bruges (18 de maio de 1302), em que cerca de mil pessoas foram mortas em seu leito quando não pronunciavam corretamente a expressão flamenga *Schild en vriend* (protetor e amigo); Outra versão diz que se tratava antes da frase *Des gilden vriend* (amigo das guildas), difícil de pronunciar por um francófono. Tratava-se para os flamengos de *localizar* os soldados da guarnição francesa, mas devemos e podemos supor que pessoas resfriadas ou simplesmente ainda não bem despertas e inquietas uma vez que estavam sendo tiradas de seus leitos, foram também massacradas neste dia.

A identidade social remete ao fato de que uma pessoa possa ser considerada como tendo uma identidade individual – que lhe seja específica – e identidades sociais, tão variadas quanto o número dos grupos com os quais o sujeito se identifica (HOGG e ABRAMS, 1988; TAJFEL, 1978; TAJFEL e TURNER, 1979, 1985).

Segundo Tajfel, "a identidade social de um indivíduo está vinculada ao (re)conhecimento de sua pertença a alguns grupos sociais e à *significação emocional e avaliativa* que

---

49 Utilizamos aqui a tradução da *Bíblia de Jerusalém*. São Paulo: Paulus, 1998.

resultam dessa pertença (1972, p. 292).⁵⁰ A teoria da identidade social postula que a necessidade fundamental do indivíduo é a de construir e preservar uma identidade avaliada positivamente e distinta da de outrem (TURNER e BROWN, 1978). Para efetivar isso, o sujeito dispõe de diversas estratégias, por exemplo, superestimar o valor de seu grupo em detrimento do de outro grupo (FERGUSON e KELLEY, 1964; TEJFEL e JAHODA, 1966). Também Zavalloni (1973) demonstrou que os sujeitos, todos franceses, julgavam mais positivamente um grupo descrito como "nós, os franceses" que outro designado como "eles, os franceses". Segundo a teoria da identidade social, a pessoa busca uma identidade positiva no seio de um grupo, que ela abandonará, se este último não lhe permita mantê-la. Se ela não puder sair do grupo, diversas estratégias cognitivas e/ou comportamentais são possíveis: Agir para modificar a situação e/ou reinterpretar; (comparando-se como os demais: "Os outros não são melhores do que eu"; ou reavaliando uma característica do grupo: *"Black is beautiful"*). Clark e Clark (1947) demonstraram que as crianças norte-americanas preferiam bonecas brancas às negras, mesmo sabendo que essas últimas se assemelhavam mais com elas. Em sua maioria, essa escolha em favor do exogrupo seguia muitas vezes *pari passu* com avaliações mais positivas dos membros exogrupais brancos que do endogrupo afro-americano (BROWN, 1986). As pesquisas levadas adiante nos anos 1970 demonstraram que as crianças negras preferiam bonecas negras, e que as crianças que preferiam bonecas negras tinham uma estima de si maior que as que preferiam bonecas brancas. Essa mudança coincidia com o fato de que os negros norte-americanos tinham se tornado em sua grande maioria, orgulhosos de sua cor depois dos anos 1950 (SHADRON, 1997).

---

50 Grifo do autor.

*Os valores nas representações sociais,
nos preconceitos e nos estereótipos*

Representações sociais

Já em 1898, Émile Durkheim apresentava a ideia de que os sistemas de representação remeteriam a normas e a valores dos grupos sociais. Fundamentalmente de natureza avaliativa (DO GIACOMO, 1980) e diretamente vinculados à ideologia (AEBISCHER, DECONCHY e LIPIANSKI, 1991), é, inicialmente, em nível de conteúdo das representações que podemos ver os valores em ação. Eles contribuem para a distorção, suplementação ou desfalque do objeto de representação.

Na distorção, todos os atributos do objeto da representação estão presentes, mas acentuados ou diminuídos de modo bem específico (CHOMBART DE LAUWE, 1984). O desfalque corresponde à supressão de atributos que lhe pertencem. Na suplementação, o objeto representado vê-se ampliado com atributos e conotações de si que não lhe pertencem. Esse é o vínculo com a ideologia dominante.

Por exemplo, o corpo foi muitas vezes representado como uma usina ou fábrica, em que o cérebro é a direção (ROSE, 1975). Encontramos uma ilustração dessa representação em *Tudo o que você queria saber sobre sexo e não teve coragem de perguntar* (WOODY ALLEN, 1972), em que o encéfalo é descrito como um posto de comando gerido por cientistas e por computador, enquanto o pênis entra em ereção sob a ação de operários dirigidos por um gerente vociferante de um canteiro de obras. Vemos também os valores em ação em nível da estrutura das representações.

Por exemplo, eles estruturam o campo da representação: A representação da psicanálise num mesmo grupo (profissionais liberais) tem aspectos comuns para todos os membros, mas uma diferenciação se opera segundo a sua ideologia. Os sujeitos de esquerda dissociam a psicanálise dos problemas sociais e políticos, considerados como de uma outra ordem; enquanto os sujeitos *centristas* ou de direita pensam que os problemas psicológicos, sociais e políticos podem integrar-se numa imagem coerente, fazendo então parte de um mesmo universo (MOSCOVICI, 1961).

Jean-Claude Abric (1987) levanta a hipótese de um núcleo estruturante das representações, cuja natureza dependeria em parte das normas e dos valores do sistema social. Os valores desempenham também um papel sobre os processos de objetivação e de ancoragem. A objetivação elabora-se em duas etapas: Na primeira, a informação é inicialmente selecionada e depois descontextualizada (JODELET, 1984).

Essa seleção efetua-se segundo critérios culturais (todos os grupos não têm acesso igualitário à informação) e normativos (não se mantém senão aquilo que estiver em concordância com o sistema de valores do ambiente; ECHEBARRIA-ECHABE e PAEZ-ROVIRA, 1989). Esse trabalho chega ao que Herzlich (1972) chama de *esquema figurativo*, uma espécie de resumo do essencial da representação. Por exemplo, o esquema figurativo da psicanálise "esquece" a *libido*, noção essencial em Freud mas que, como remete à sexualidade, coloca em jogo valores e normas sociais (JODELET, 1989).

A segunda etapa da objetivação é a naturalização, que confere uma realidade tangível ao que seria originalmente uma abstração, que tem a tendência de *"congelar* o outro num estatuto de natureza" (JODELET, 1984, p. 371) e permite justificar toda e qualquer segregação (as teorias biologizantes da inteligência em GOULD, 1983; MUGNY e CARUGATI, 1985).

Quanto ao segundo processo, a ancoragem, ele diz respeito ao enraizamento social da representação e de seu objeto (MOSCOVICO, 1961). Ele permite ao indivíduo tornar o insólito familiar (a psicanálise é assimilada à confissão, o computador ao ser humano: Ele "não vai misturar os dados"). "Além disso (a ancoragem) enraíza a representação e seu objeto num leque de significações que permite situá-las em vista dos valores sociais e de lhe dar coerência" [...].
Como decorrência:

> [...] A ancoragem serve para a instrumentalização do saber conferindo-lhe um valor funcional para a interpretação e para a gestão do meio ambiente. (JODELET, 1989, p. 56)

No final das contas, pela ancoragem, o grupo expressa seus contornos e sua identidade, seu sistema de valores. Os valores permitem assim definir as clivagens dos grupos (para uma crítica, JAHODA, 1988; TROGNON e LARRUE, 1988).

Preconceitos e estereótipos

O preconceito é um pré-juízo, um juízo anterior a todo encontro efetivo com o outro. Pode-se ter preconceito em relação aos membros de – não importa que categoria social – outra que a nossa. As pessoas podem ser, assim, o objeto de preconceitos em razão de sua pertença confessional (religiosa), étnica, ou ainda, sexual. O preconceito é claramente um juízo de valores, mas contrariamente ao que poderíamos crer (ALLPORT, 1954; GARDNER, 1994), ele não é necessariamente negativo (SEANGER, 1953). Os estereótipos referem-se a um conjunto de traços, de comportamentos, atribuídos a um conjunto de membros de um grupo (para uma síntese; MORCHAIN, 1998). Eles estão vinculados a valores inicialmente pelo seu conteúdo. Depois disso, mesmo que eles não sejam necessariamente vinculados a reações negativas (SECORD, 1959), eles *colorem* as avaliações que fazemos dos outros. Por fim, eles explicam porque os grupos diferem e nos levam a justificar nossas tomadas de posições e nossas condutas: Para Tajfel (1981), eles permitem a explicação de eventos (*causalidade*); a *diferenciação* social (diferenciar-se dos demais); e a *justificação*. Assim, a frase "os jovens da periferia são arruaceiros" não faz outra coisa que descrever uma assim dita, particularidade dos jovens da periferia, o fato de serem "arruaceiros" está conotado negativamente e permite justificar a multiplicação das rondas policiais ou a necessidade de instituir leis de acordo com isso. Vemos então que aparecem valores no *conteúdo* dos estereótipos.

Antigos estudos das histórias em quadrinhos mostraram, por exemplo, que a mulher seria compreendida como uma quantidade negligenciável: Ela raramente era uma heroína (PIERRE, 1976; citado por BOURGEOIS, 1978). Mesmo quando ela é heroína, ela é dominada (ela teria na maior parte das vezes, a necessidade de um homem para que a salve). Falconnet e Lefaucheur (1975) demonstraram que a mulher dos anos 1970, na publicidade e nas histórias em quadrinhos, era percebida de maneira bem negativa e o homem de modo positivo (ver também DOISE e WEINBERGER, 1972-1973). Nossos juízos dos valores dependem, por outro lado, dos estereótipos. Por exemplo, Duncan (1976) demonstrou que os brancos julgam o comportamento de um negro mais violento que o mesmo comportamento de um branco (realizando o mesmo gesto).

Van Knippenberg, Dijksterhyuis e Vermeulen (1999) pesquisaram o papel dos valores relacionados aos estereótipos no juízo e na memorização. Em seu experimento, os sujeitos recebiam, inicialmente, a informação que um homem era suspeito de ter entrado por arrombamento numa residência e de ter furtado alguns objetos. O suspeito é apresentado uma vez como sendo um empregado de um banco "sério, respeitável e digno de confiança", outra vez como um drogado "já tendo cumprido pena na prisão por roubo". Num segundo momento, as informações a respeito do furto são dadas através de 14 pequenos textos, que uma vez as pessoas leem em seu ritmo (condição de pressão cognitiva leve) e outra vez, com a apresentação de 8 segundos por informação (condição de pressão cognitiva intensa). Quando a pressão cognitiva é intensa, o estereótipo negativo enseja um julgamento de culpa mais alto, uma punição mais pesada e uma melhora na memorização das provas quando relacionado com o estereótipo positivo. A dimensão de valor moral de uma pessoa parece assim particularmente importante nos juízos estereotipados (MORCHAIN e SHADRON, 1999; WOJCISZKE, 2005).

Mesmo que eles não sejam o único fator, longe disso, os valores podem ser considerados como a origem dos preconceitos e dos estereótipos. O racismo contra os negros nos Estados Unidos, por exemplo, estaria ligado ao fato de que os brancos acreditam que os negros violam os mais importantes de seus valores, que brotaram do protestantismo. Mas o fenômeno é mais amplo: Ainda que o fato de aderir aos valores humanitários e igualitários correlacione-se negativamente aos preconceitos e à discriminação em relação a diversos exogrupos (os negros, os homossexuais ou os obesos), os preconceitos são efetivamente vinculados ao fato de que os sujeitos percebem que os membros exogrupais não respeitam os valores de seu endogrupo (BIERNAT, VESCIO, THENO e CRANDALL, 1996; KRISTIANSEN, 1990; HADDOCK e ZANNA, 1993b). É o que se chama de *racismo simbólico*.

Numa série de pesquisas (MORCHAIN, 2006), o impacto da ativação dos valores sobre a percepção estereotipada (abordada sob o ângulo da entitatividade)[51] foi testada *via* um estímulo (ver CROIZET, 1991; BARGH, 2006). Na pesquisa 1, 120 estudantes do IUT foram estimulados primeiro para os valores de *transcendência de si* e depois para os valores de *afirmação de si*.

Depois da estimulação dos valores, os sujeitos deveriam ler um artigo de imprensa fictício, mas apresentado como real, como um fato, cada vez de um modo diverso: Um grupo de pessoas, apresentado como *endogrupo* (jovens franceses) ou como *exogrupo* (jovens italianos); eram apresentados também como vivendo uma experiência positiva (uma viagem integralmente reembolsada aos viajantes) e uma negativa (uma colisão que acabou com a morte de um dos viajantes). Uma foto desse grupo ilustrava o artigo. Os sujeitos respondiam a seguir uma série de questões. Esse estudo demonstrou que os valores de *transcendência de si* levam os sujeitos a julgar mais positivamente o proposto que aqueles da *afirmação de si*. Em seguida, de acordo com a hipótese, os valores de *afirmação de si* levaram a uma maior entitatividade percebida do grupo-alvo que os de *transcendência de si*. Isso era especialmente verdadeiro quando o alvo era o exogrupo, e quando a sua sorte era negativa. Em outros termos, os sujeitos tendo em mente os valores de *afirmação*

---

51 Segundo Campbell (1958), os grupos humanos variam em entitatividade, *em bloco*. Pode-se dizer que quanto mais um grupo for estereotipado, tanto mais ele é percebido como entitativo (eles todos os mesmos).

de si achavam que os objetos-alvo se assemelhavam verdadeiramente, e de um modo particular, quando eles eram imaginados vivendo uma experiência desfavorável. Por fim, os valores de *afirmação de si* levaram as pessoas a estar mais seguras de seus juízos no que diz respeito ao endogrupo, vivendo a sorte positiva e para com os relativos ao exogrupo, vivendo uma experiência negativa.

Essa pesquisa indica, por outro lado, que a influência dos valores pode ser levada a efeito sem que se tratem necessariamente de valores pessoais.

De um modo mais amplo, os valores da ideologia predominante podem influenciar os juízos. Assim, em diversos estudos experimentais, Olivier Codou (2008) utilizou publicidades (propagandas) e mensagens relativas ao desenvolvimento pessoal para induzir a alguns aspectos do espectro liberal. Comparativamente aos sujeitos estimulados com material neutro, aqueles estimulados com o material "liberal" emitiram mais comportamentos competitivos, adotaram mais atitudes competitivas e se mostraram globalmente mais individualistas. Eles manifestaram também maior homogeneidade grupal, julgaram de modo mais radical e atribuíram aos seus membros uma responsabilidade mais ampla em eventual experiência negativa por qual eles pudessem vir a passar.

A influência dos valores sobre os juízos depende do grau de consciência das pessoas

Algumas sondagens poderiam fazer crer que os franceses são hoje em dia menos racistas. Mas as respostas dependem de numerosos fatores (valores na situação, *status* da pessoa que interroga, a questão posta, tipo de medida etc.). Para acessar respostas menos dependentes de normas e de valores, Fazio e Olson (2003) propuseram, por isso, utilizar medidas implícitas menos controláveis que medidas explícitas.

Por exemplo, Franco e Maass (1999) testaram a hipótese segundo a qual a correlação entre as medidas implícitas e explícitas depende do fato de que os grupos são ou não protegidos normativamente contra a discriminação. O estudo piloto demonstrou a variabilidade da desejabilidade de alguns grupos confessionais (religiosos): Claramente, para os sujeitos interrogados (católicos), é aceitável emitir opiniões desfavoráveis em relação aos islamitas fundamentalistas, mas não contra os judeus (Figura 3.1).

Essa atitude demonstrou igualmente que as medidas explícitas e implícitas correlacionam-se unicamente para o grupo-alvo para o qual não existam normas de inibição das respostas discriminatórias: Os "islamitas fundamentalistas".[52]

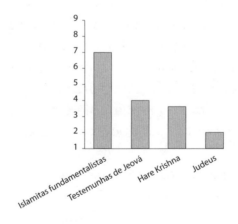

Figura 3.1 – *Aceitabilidade das opiniões negativas segundo os grupos confessionais visados* (FRANCO e MAASS, 1999)

---

52 Nesta pesquisa, a medida implícita refere-se ao viés linguístico intergrupo, tendência que as pessoas têm de descrever os comportamentos positivos do endogrupo e os comportamentos negativos do exogrupo em termos linguísticos mais abstratos (ou menos concretos) que os comportamentos negativos do endogrupo e os positivos do exogrupo.

Essas medidas não são correlacionadas (ou se correlacionam negativamente) para o grupo "judeus", isto é, o exogrupo para o qual é normativamente inaceitável emitir opiniões desfavoráveis. Em outros termos, quando em relação às normas e valores societários é aceitável julgar um grupo social, pouco importa o tipo de medida. Por outro lado, quando é socialmente inaceitável julgar, as medidas explícitas fazem a função de um controle mais forte dos sujeitos e podem levar à produção resultados diferentes e até mesmo opostos aos que são produzidos pelas medidas implícitas (FRANCO e MAASS, 1999, p. 476).

Nessa mesma ordem de ideias, Michaël Dambrun, Serge Guimond e Nicolas Michinov (2003) se interessaram pelos componentes automáticos e controlados dos preconceitos étnicos. Eles demonstraram então que, quando as medidas explícitas são utilizadas, os sujeitos exprimem atitudes favoráveis em relação aos árabes e menos favoráveis em relação aos franceses.

Entretanto, os resultados são inversos quando se usam as medidas implícitas. Por quê? Segundo a abordagem dissociativa de Patricia Devine (1989), as medidas explícitas refletem os processos deliberados e controlados que permitem que o indivíduo modifique as suas reações espontâneas. As medidas implícitas permitem o acesso aos conhecimentos estereotipados aprendidos socialmente e culturalmente compartilhados. Ao fim e ao cabo, essas pesquisas indicam claramente que "o tipo de estratégia utilizada depende do nível da pressão social (que aconselha a) não expressar atitudes negativas para com o exogrupo-alvo (DAMBRUN, GUIMOND e MICHINOV, 2003, p. 89; CRANDALL, ESHLEMAN e O'BRIEN, 2002).

Sabemos, por outro lado, que podemos ser influenciados sem que o saibamos, por numerosos fatores (NISBETT e BELLOWS, 1977; BARGH, 2006; BARGH, CHEN e BURROWS, 1996). O impacto dos valores poderiam variar portanto, na medida em que as pessoas estejam conscientes ou não de sua ativação.

Uma pesquisa feita com 116 pessoas (estudantes no IUT) a fim de mostrar, de um lado, o impacto dos próprios valores segundo o modo de ativação, e de outro, que ele varia segundo o alvo do juízo (MORCHAIN, 2006, experimento 2).

Os valores *transcendência de si vs afirmação de si* foram ativados, seja através de associações livres (*ativação não consciente*) seja pela estimulação da importância de cada valor (*ativação consciente*). Como na pesquisa precedente citada, os sujeitos leram um artigo da imprensa fictício apresentado como real, e depois responderam a um questionário.

Os valores de *afirmação de si* proporcionaram uma percepção do grupo-alvo como mais homogêneo que os valores *transcendência de si*. Especialmente, o alvo era mais percebido como um grupo e como composto de pessoas que se reúnem (frequentemente) quando os valores eram estimulados que quando a sua ativação era consciente. Isso foi, de tal modo, que também quando a sua ativação era não consciente os valores de *afirmação de si* proporcionaram uma percepção mais entitativa do alvo que os valores de *transcendência de si*. Por fim, não foi senão, quando o alvo era tido como exogrupal que os valores de *afirmação de si* ativados por associação livre levaram os sujeitos a julgá-lo mais positivamente, que os valores de *transcendência de si*.

Assim, os resultados desse experimento reproduzem globalmente os do experimento 1, apresentado mais acima.

Além do mais, o impacto dos valores sobre os juízos parece claramente depender do fato de que os sujeitos tenham ou não consciência de sua ativação. Assim, contrariamente ao que poderíamos pensar, quando se estuda a ideologia e suas funções, por exemplo (BEACHLER, 1976; LIPIANSKI, 1991; ROCHER, 1968), os valores influenciam também os sujeitos sem que eles o saibam.

2 – Orientação das condutas

A noção de valor se situa, inicialmente, na ordem do ideal e não na ordem do concreto, mesmo quando ele se expressa por ações concretas e se ele pode ser inferido dessas últimas. Além do mais, para Lavelle (1950), mesmo quando o valor for da ordem do ideal (ele remete às ideias, ele é desejado, ele é uma projeção), ele:

> Traz em si uma realidade atual que reside numa exigência de realização à qual, sem dúvida, nossa atividade nem sempre corresponde. (p. 20)

Os valores contribuem para a integração social das pessoas: Eles são compartilhados pelos membros de uma coletividade, e a adesão aos valores comuns é a condição da participação dessas pessoas na coletividade (ROCHER, 1968, vol. 1 e 3). Essa integração passa pelos juízos e pelas condutas. Mas se de um lado, os valores podem ser concebidos como guias de conduta, por outro, eles podem *gerar*, consecutivamente, um processo de racionalização e de justificação. Para Château (1985, p. 23), por exemplo, o ato cria e designa o valor.[53]

---

53   Num outro domínio, Leroi-Gourhan (1972) desenvolve uma ideia similar.

Escolha social

Para Rokeach (1960), um dos determinantes essenciais da atitude de uma pessoa em vista de uma outra é o grau de similitude (ou de *congruência*) de seus sistemas de crenças. Como Festinger (1954), ele pensa que a similitude de opinião leva a uma atração mútua enquanto a dessemelhança leva a rejeitar e à aversão uma vez ela coloca em questão ou à prova o sistema de crença próprio.

Para Rokeach, os preconceitos resultariam mais da *congruência de crenças*, da percepção do fato de que outras pessoas possuam sistemas de crenças incompatíveis com a nossa. Num grande número de pesquisas, essa hipótese foi confirmada (ROKEACH, SMITH e EVANS, 1960; ROKEACH e MEZEI, 1966). Rohan e Zanna (1996) solicitaram a casais que classificassem os valores segundo a sua importância. Os resultados demonstraram uma correlação média elevada (0.68) entre os perfis dos valores dos casais. Se isso for assim, não se sabe se cada um tinha um perfil próximo do outro ou similar antes do encontro, ou se devemos supor que um ajustamento de perfis tenha acontecido.

Goodwin e Tinker (2002) interessaram-se por sua vez, pelos vínculos entre as prioridades de valores das pessoas e as suas escolhas de um *partner* ideal.[54] Eles demonstraram que quanto mais as pessoas concordam com a importância dos valores de *ultrapassagem de si*, mais eles atribuem importância e atratividade ao *partner*, ao fato de que ele ganha a sua vida, ao curso universitário, ao fato de que ele tenha vindo de uma boa família, e que ele saiba cuidar de sua casa (*good housekeeper*).[55]

---

[54] Mantivemos o termo do original, uma vez que não se trata necessariamente de um namorado ou de uma relação em vista de casamento; pode ser simples colega de pesquisa, de estudo ou de trabalho (NT).

[55] Mais no sentido de saber administrar (NT).

O *hedonismo* se correlaciona positivamente com a busca de um *partner* atraente. Os sujeitos mais conservadores atribuem, por outro lado, uma grande importância a um *partner* que privilegie a família. De um modo global, os homens privilegiam a atratividade, e as mulheres valorizam a educação, a inteligência. Conforme a hipótese da similaridade, os sujeitos mais educados procuram um *partner* inteligente com estudos universitários. Concordando com a relação entre os valores e a idade, os mais jovens favorecem (a escolha de um) *partner* com personalidade animada, estimulante.

Entretanto, deve-se notar que a pertença étnica pode influir sobre os valores: Em Triandis (1961), a similaridade étnica explica quatro vezes mais a variância de similaridade dos valores, resultado este contrário à hipótese da congruência das crenças. Isso pode vir do fato de que Rokeach manipule a congruência das crenças *via* temáticas específicas (por exemplo, "as moças podem ir ao dormitório dos rapazes"), enquanto Triandis tem um interesse maior pelos valores em termos de princípios de vida. Rokeach pensa que se temas específicos podem facilmente afetar a simpatia para com uma outra pessoa, os valores seriam tão amplos que eles podem permitir encontrar razões segundo as quais o outro é diferente.

Discriminação

Esse termo remete a um tratamento diferente das pessoas em questão, tendo por base a sua pertença categorial, independentemente de suas propriedades ou de suas qualidades individuais, e se traduz por uma rejeição do outro (por exemplo, BOURHIS e LEYENS, 1994). No direito do trabalho, é bem definida como:

> Um tratamento desigual e desfavorável aplicado a algumas pessoas em razão, especialmente, de sua origem, de seu nome, de seu gênero, de sua aparência física ou de sua pertença a um movimento filosófico, sindical ou político.[56]

Os valores são, portanto, considerados um dos critérios potenciais da discriminação. Por exemplo, Simpson (1976) observou entre os médicos que lidam com urgências hospitalares, que no geral, os alcoólatras, as prostitutas, os drogados, os vagabundos são *julgados* como tendo menos necessidades urgentes de atenção. Segundo Simpson, o pessoal médico parece crer que essas pessoas mereçam menos ajuda que aquelas que teriam um caráter moral "superior".

Quanto a Beaton *et al.* (2003), ele demonstrou que os valores de conservadorismo e as atitudes racistas estão vinculados e têm uma influência sobre a estimativa no número de imigrantes aceitável. Segundo Rokeach (1968, p. 77), a discriminação acontece porque os sujeitos (brancos) inferem que os negros têm crenças, valores, e personalidades diferentes das deles. No plano dos valores religiosos, ele demonstrou, de um lado, que quanto mais houver dessemelhança num casal, tanto mais a probabilidade de que o conflito aumente, tanto antes como depois do casamento; por outro lado, ele demonstrou que os que creem se mostram mais rígidos, mais intolerantes e menos humanos que os que não creem (para uma abordagem mais ampla; DECONCHY, 1971).

Mais recentemente, uma meta-análise de Saroglou, Delpierre e Dernelle (2004), demonstrou, nesse domínio, que as pessoas religiosas tendem a privilegiar os valores do *conservadorismo* (social e individual) e que

---

56 Veja o *site* (francês): <www.juritravail.com/lexique>; no Brasil o ponto de partida é a própria Constituição, mas a CLT e demais legislações são explícitas quanto a isso, para um resumo: <www.guiatrabalhista.com.br/guia/discriminacao.htm> (NT).

ao contrário, eles rejeitam os valores de *abertura à mudança* e *autonomia*; que elas favorecem os valores de *boa vontade*, mas não do mesmo modo os do *universalismo*. Elas rejeitam o *hedonismo* e, até um certo ponto, os valores de *realização de si* (sucesso). Como o mostra a Figura 3.2, os resultados são similares entre os judeus, muçulmanos e cristãos. Entretanto, a magnitude dos efeitos depende também do nível socioeconômico.

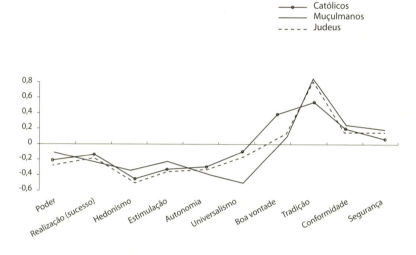

Figura 3.2 – *Correlação entre valores e religiosidade*
(SAROGLOU *et al.*, 2004)

Os sistemas de crenças religiosas fornecem teorias, explicações sobre a morte (mas, sobretudo, sobre o além-túmulo), e os resultados disso podem ser vistos nas pesquisas de Greenberg sobre o *Terror Management* que demonstram que a ideia de morte enseja juízos mais negativos de *alvos* socialmente desviantes (por exemplo, uma prostituta). A ideia de morte leva também as pessoas a preferirem um *alvo* com quem possam compartilhar os seus valores: Os cristãos avaliam assim mais positivamente uma pessoa-alvo se ela for definida como cristã, e a desvalorizam se ela for apresentada como judia (GREENBERG et al., 1990).

Essa desvalorização não acontece com os sujeitos para quem a tolerância seria importante, ou para quem a tolerância tenha se tornado saliente (GREENBERG et al., 1992). O efeito da saliência da ideia de morte varia igualmente segundo o aspecto da morte que for tornado saliente, segundo aquilo que as pessoas mais temem e segundo o tipo de transgressão a julgar (FLORIAN e MIKULINCER, 1997). Greenberg et al. (1995) demonstrou que a saliência da ideia de morte não tem o mesmo impacto sobre os juízos que a saliência dos valores: Eles são mais influentes no primeiro caso que no segundo. Assim, a ativação da ideia de morte e a dos valores não tem efeitos comparáveis, mas é possível que a saliência da ideia de morte aumente a acessibilidade aos valores culturais (GREENBERG et al., 1995, p. 423).

Para Greenberg, a cultura de certo modo protege as pessoas contra a morte, no plano dos fatos (medicina) e no plano simbólico (religião, a ideia de que algo da pessoa – sua família, sua nação, seu grupo profissional etc. – continuará a existir depois da morte). A cultura com seu enquadramento de normas e de valores permite *administrar* a ansiedade suscitada pela morte.

Segundo Greenberg, a ideia de morte traz presente esses juízos negativos que ao *alvo* são desviantes, uma que esse último coloca em causa as normas e os valores da cultura do sujeito. Como precisamos da proteção que vem de nosso modo cultural de ver o mundo, respondemos positivamente para os que nos ajudam a manter essa confiança e negativamente aos que põem em xeque essa confiança. De um modo mais amplo, mas dentro da mesma ordem de ideias, Schwartz e Struch (1989) sustentam que: 1) A dissimilaridade dos valores entre o endogrupo e o exogrupo está associada, de um lado, ao antagonismo do exogrupo em relação ao endogrupo; (que) 2) Essas associações são tanto mais fortes quanto mais a dissimilaridade dos valores estiver fundamentada sobre os valores mais importantes do endogrupo ou do exogrupo; (que) 3) O fato de crer que um exogrupo tenha poucos valores pró-sociais e/ou atribua uma grande importância a valores hedonistas está associada com o antagonismo contra os membros desse exogrupo e com a antecipação de um antagonismo de sua parte; (4) a percepção de humanidade é um mediador entre os valores estereotipicamente associados ao exogrupo e ao antagonismo intergrupos: A humanidade percebida de um exogrupo está positivamente correlacionada com a percepção de similaridade dos valores entre os grupos.

A negação da humanidade no romance

É absolutamente necessário que saibas como as pessoas consideram aqueles que fazem parte daquilo que você chama de Clã. Como eu te disse a todo tempo, eles pensam que são animais.
– Eles não são animais!
– Eu não sabia nada sobre isso, Ayla. Algumas pessoas as detestam. Por outro lado, eu ignoro o porquê. Os animais – os verdadeiros, aqueles que caçamos – ninguém os odeia. Pode até ser que no fundo deles mesmos, as pessoas saibam que os Cabeças Chatas – é assim que eles se chamam – sejam também eles, animais. Mas eles são assim tão diferentes de nós que isso nos mete medo e representa mesmo uma ameaça a nossos olhos.

AUEL, J.M. *La Valée des Chevaux.*
Paris: Presses de la Cité, 1982, p. 560

Bar-Tal (1989, p. 170) descreve o modo como os valores desempenham a sua ação naquilo que ele chama de *delegitimização* (segmentação dos grupos em categorias sociais extremamente negativas como sendo desumanos, fora das normas e dos valores).

A delegitimização se traduz de modos diversos:

1. Desumanização: O outro está presente como um não humano (*os judeus são ratos*, dizia a propaganda vichysta, ou a-humanos (*UnMensch*);

2. Deslocamento para fora do quadro definido pelas normas correntes (os outros) são *assassinos*, os *maníacos*, os *açougueiros sanguinários* ou os *loucos*;

3. Atribuição aos "outros" de traços de personalidade (bastante) negativos (*instáveis, ladrões, desonestos etc.*);

4. Uso para os sujeitos a serem delegitimados de rótulos políticos ideologicamente "contaminados" (*nazistas, comunistas, imperialistas*).

Comparação com outros grupos avaliados negativamente (durante a Primeira Guerra Mundial, os americanos chamavam os alemães de *hunos*).

Podemos acrescentar aqui a designação do outro com um único indicador físico e/ou indumentário, por pouco que ele seja lá muito negativo aos olhos do grupo na origem da delegitimização. O indicador físico ou de indumentária pode também vir a ser negativo, simplesmente por ser ele a marca dos *outros*.

Segundo Bar-Tal (1989, p. 175) as fontes da delegitimização são as ameaças percebidas, o conflito violento, a percepção de uma grande diferença, entre os grupos, e os valores negativos preexistentes. É possível também que o simples fato de dispor de explicações em termos de determinismo biológico (por exemplo, SAENGER, 1953;

MARTIN e PARKER, 1995) possa ser uma fonte de delegitimização, uma vez que então os sujeitos têm uma teoria explicativa forte (GOULD, 1983, para a inteligência; FEE, 1979 e MACKIE, 1987, para as diferenças sexuais). Assim, a desumanização de Bar-Tal está conectada à Schwartz e Struch (1989) que mostram que o grau de humanidade atribuído a um grupo influencia os comportamentos para com os seus membros. Esse grau de humanidade está vinculado a dois sistemas de valores opostos (SCHWARTZ e BILSKY, 1987): A busca de valores pró-sociais (*igualdade, ajuda, perdão*) seria a *marca registrada* da humanidade, enquanto a busca de valores hedonistas (*prazer, vida confortável*) refletiria interesses pessoais, compartilhados com espécies infra-humanas (LEYENS, 2000).

Nesse quadro distinguem-se as emoções primárias (ou *emoções,* que podem ser sentidas também por outras espécies animais), emoções secundárias (ou *sentimentos* experimentados essencialmente pelo ser humano).[57] Em geral, as emoções secundárias são mais facilmente atribuídas ao endogrupo que ao exogrupo, mas diferença alguma aparece para a atribuição de emoções primárias entre o endogrupo e o exogrupo. Essa atribuição da emoção é independente da valência da emoção e ela se produz sem que as pessoas tenham consciência de discriminar (VAES, PALADINO e LEYENS, 2006), o que é um meio de medir indiretamente a discriminação. A infra-humanização tem, por fim, consequências sobre as condutas (VAES, PALADINO e LEYENS, 2002, 2003), e

---

[57] De modo geral, na consideração das emoções, temos uma distinção que vem sendo cada vez mais seguida: Atualmente considera-se que a emoção teria a experiência fisiológica de fraca repercussão consciente; o sentimento, ou seja, a experiência psíquica consciente. Com isso, desconsidera-se esse aspecto de primária e secundária; emoção humana e não humana. Entretanto, cada vez mais, estuda-se a emoção em seu contexto e valor culturais; seu significado humano (NT).

está profundamente ligada à ideologia (BAR-TAL, 1989), em especial no caso do sexismo (VIKI e ABRAMS, 2003).

Ainda que a descriminação seja moralmente condenável e punida pela lei, ela contempla, entretanto, cinco funções psicossociais (GRAUMAN e WINTERMANTEL, 1989). A *separação* refere-se ao fato de que busco me diferenciar dos outros: Existiria um *nós* e um *eles*. O *distanciamento* consiste em introduzir uma distância psicológica entre os objetos de duas categorias: Falamos em termos *daqueles lá*. A *desvalorização* remete ao fato de que a discriminação contribui para abaixar o valor percebido dos membros do exogrupo, e por consequência, aumentar o valor atribuído aos membros endogrupo. Na *assinalação*, os traços de valência diferente estão associados às pessoas, a partir do fato de se usar por base a sua pertença categorial.

Por fim, a *tipificação* que remete ao fato de que as pessoas não são percebidas como pessoas variáveis ou mutantes, mas como membros típicos de sua categoria (congelados). Em nível de discurso, os termos empregados remetem, direta ou indiretamente, aos valores (exemplos também em outros domínios em BATESON, 1951). Quanto à delegitimização, ela serve essencialmente para a justificação dos comportamentos extremados, a diferenciação intergrupos, o sentimento de superioridade e a unidade do grupo em termos de crenças, atitudes e comportamentos. Por fim, a infra-humanização parece, sobretudo, ter por função justificar as situações sociais.

Comportamentos pró-sociais

Num primeiro momento, os valores afetam em maior ou menor grau as intenções de agir em relação ao outro.

Por exemplo, Sagiv e Schwartz (1995), solicitaram a estudantes judeus israelenses (grupo majoritário) se eles estariam dispostos a entrar em contato como os árabes israelitas (grupo minoritário). Como o demonstra a Figura 3.3, e conforme a hipótese, o fato de privilegiar valores de *universalismo* se correlaciona positivamente com a intenção de contato com o outro grupo, enquanto o fato de privilegiar os valores da *segurança* e da *tradição* correlaciona negativamente.

Os sujeitos que tinham um escore elevado de *universalismo* e fraco em *tradição* mostraram-se os mais abertos aos contatos intergrupos que os que tinham um escore fraco em *universalismo* e alto em *tradição*. Por outro lado, os sujeitos que privilegiavam grandemente o universalismo mostraram-se mais abertos que os que privilegiavam menos (o universalismo). O mesmo ocorre com os sujeitos que privilegiavam muito a *tradição* mostraram-se menos abertos que os que a privilegiavam menos (Figura 3.4).

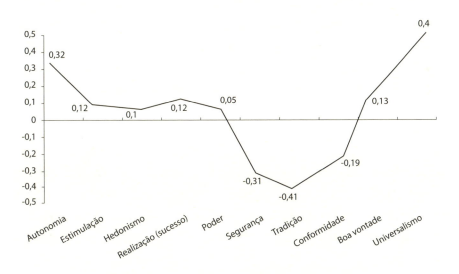

Figura 3.3 – *Vínculo entre valores e intenção de contato com os membros do exogrupo* (SAGIV e SCHWARTZ, 1995)

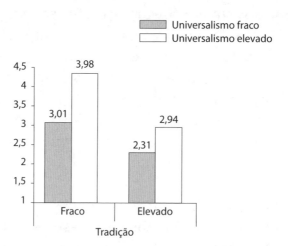

Figura 3.4 – *Intenção de contato intergrupo segundo a importância de valores* (SAGIV e SCHWARTZ, 1995)

Schwartz (1996) demonstrou, por sua vez, a existência de um vínculo entre os valores e os comportamentos de cooperação. Nesse experimento, as pessoas preenchiam de início o *SVS* (*Schwartz Value Survey*), depois eram alocadas em situações de jogos inspirados pelo dilema do prisioneiro (situação experimental em que elas podem escolher comportamentos cooperativos, competitivos ou individualistas). O autor pensava que o fato de privilegiar o *poder* e, em grau de menor intensidade, a *realização* – sucesso (uma vez que obter recursos *via* não cooperação não é provavelmente uma fonte de admiração social, objetivo essencial dos valores de realização) seria o *preditor* mais importante das condutas de não cooperação. Por outro lado, privilegiar o *universalismo*, mas especialmente a *boa vontade* (que se refere ao bem-estar dos outros), deveria ser um bom preditor da cooperação.

Ainda que as hipóteses não tenham sido totalmente verificadas, isso foi exatamente o que ocorreu. Como o demonstra a Figura 3.5, privilegiar o *poder* está vinculado negativamente com a cooperação; ao inverso, quanto mais as pessoas privilegiam a *boa vontade* e num grau menor os valores relativos ao *universalismo*, mais elas mostram cooperação com seu *partner* (aqui um membro que ela não conhece, do endogrupo; seria a mesma coisa com um membro – *partner* – de outro grupo? Parece que isso seria menos seguro).

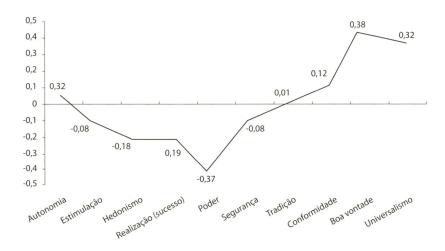

Figura 3.5 – *Vínculos entre valores e cooperação*

Um exemplo histórico do vínculo entre valores e comportamentos, apresentado por Rochat e Modigliani (1995) é o caso dos *Justos* de Chambon-sur-Lignon.

Lembremos, sucintamente, o contexto: Desde 1937, essa vila acolhia refugiados espanhóis; em 1938, passou a acolher refugiados nazistas; e em 1940, os judeus, sem encontrar da parte das autoridades reação alguma. No sábado, dia 22 de junho de 1940, Philippe Pétain assinou o armistício às 18h30min e afirma estar disposto a prender todos os refugiados e a deportá-los para a Alemanha, se Hitler o solicitar. No dia seguinte, em Chambon-sur-Lignon, os pastores Tocmé e Édouard Theis pronunciam por ocasião de seus ofícios religiosos, um sermão opondo-se a esta decisão:

> "Essa doutrina (autoritária) não é outra coisa senão o próprio anticristianismo. É para nós uma questão de consciência afirmá-lo, hoje como ontem. É quase que certo que os filhos de nossa Igreja doaram as suas vidas para combater essa doutrina [...]. Para começo de conversa, abandonemos hoje mesmo todas as nossas divisões entre cristãos, e todos os nossos fuxicos, entre franceses. Paremos de nos etiquetar, de nos designar uns aos outros por termos carregados de desprezo: Direita e esquerda, camponês e trabalhador da indústria (operário), intelectual e proletário ou proprietários e de nos acusar mutuamente de todas as desgraças. Comecemos por ganhar a confiança uns dos outros, e a nos saudar e nos acolher, e nos lembrando a cada encontro, como o faziam os primeiros cristãos, que somos irmãos e irmãs em Jesus Cristo.
>
> Depois disso, tendo abandonado esses ódios e desconfianças, bem como as paixões políticas às quais eles estão grudados, reunamo-nos decididamente em torno de Jesus Cristo, o chefe da Igreja universal, e adotemos, como fonte de nosso pensamento, a obediência e a ação, segundo o Evangelho. Por fim, compreendamos que a volta à obediência nos obriga a rupturas. Rupturas com o mundo, rupturas com modos de viver que aceitamos até aqui.
>
> Enormes paixões pagãs vão se exercer [...] sobre nós e sobre nossas famílias, para tentar nos arrastar a uma submissão passiva à ideologia autoritária. Se não chegarem a imediatamente submeter as nossas almas, submeterão, em grau maior ou menor, os nossos corpos. O dever do cristão é opor à violência exercida sobre a nossa consciência, as armas do Espírito".[58]

---

58 Disponível em: <www.chambon.org/lcsl_texte_1940_fr.htm>.

Este sermão apela claramente aos valores cristãos e opõe-se não menos claramente à ideologia pétainista. É um apelo aos valores e à identidade unida, para lutar contra uma *nova ordem* e seus valores desumanos. Ele apela para a desobediência civil em nome de ideais cristãos. Nos dias 16 e 17 de julho de 1942 a polícia francesa prende em Paris cerca de 13.000 judeus. No dia 13 de fevereiro de 1943, Trocmé e Theis e o diretor da escola Darcissac, foram presos, encarcerados e foram pressionados a denunciar (delação), mas eles se recusaram. Os moradores de Chambon não fizeram por menos e não vergaram. Enquanto umas vinte pessoas foram presas e deportadas, estima-se que 5.000 pessoas, das quais 3.500 judias, foram salvas em Chambon e nas vilas circunstantes (ROCHAT e MODIGLIANI, 1995).

Os valores guiam sempre os comportamentos?

Os valores desempenham um papel em nível de mudança social ou societário. É pelo fato de se vincular a valores (a *liberdade*, a *igualdade*, inicialmente, e a *fraternidade*, que não aparece, senão, em 1848 já na 2ª República Francesa) que os jovens revolucionários derrubaram, finalmente, a monarquia.

Mas nem todos os valores têm, apesar disso, uma influência sobre a mudança social. Como o assinala Weber (citado por ROCHER, 1968, vol. 3, pp. 68-86) alguns valores – em especial os valores religiosos e morais – podem ser fatores de mudança social e econômica. Entretanto, os valores não são os únicos fatores de mudança, eles atuam com outros fatores estruturais (condições de vida, fome...).

Alguns valores podem também ser mais úteis que outros, em certos momentos da História. Para Helkama (1999, p. 73), por exemplo,

> *aparentemente os valores relacionados ao poder e ao sucesso manifestam-se como funcionais, por ocasião de uma mudança abrupta para um capitalismo selvagem em que as instituições democráticas e legais ainda não estão consolidadas, como foi o caso da Estônia e da Rússia.*

Se esses valores se manifestam como mais funcionais, é provavelmente porque eles permitem antes de tudo, justificar o estabelecimento de um sistema econômico em especial (SAENGER, 1953).

Em nível individual, já foi demonstrado que a pertença religiosa das pessoas influi sobre suas atitudes quanto à sexualidade, mas não influencia *em si*, seu comportamento sexual (SHEERAN, *et al.*, 1993). Kristiansen e Zanna (1992, citados por KRISTIANSEN e HOTTE, 1996) demonstraram quanto a eles, que sujeitos *estimulados* em seus valores de universalismo mostram-se, algumas semanas mais tarde, consistentes com seus valores, atitudes e intenções de agir em relação ao meio ambiente, mas não em relação aos seus comportamentos ecológicos.

Mais amplamente, na vida cotidiana, cremos que nossos valores nos guiam e temos a tendência de esquecer, de negligenciar o peso do contexto. Como já notara Milgram (1974, p. 23):

> *Quando se está tranquilamente sentado na cadeira de balanço, é fácil erigir-se na função de juiz [...]. Se pedimos às pessoas, qual seja, do ponto de vista moral, a conduta a recomendar (face a uma autoridade malévola) invariavelmente todos optam pela desobediência. Mas numa situação real em vias de se perder o controle da situação, os valores individuais não são os únicos a estarem implicados. Eles não se constituem, senão, numa mínima faixa de motivação no espectro completo das forças contraditórias que se exercem sobre o sujeito.*

Por fim, no exemplo de Chambon-sur-Lingnon, os valores apresentados pelos pastores Trocmé e Theis pareciam ter desempenhado um papel propulsor dos comportamentos, mas o vilarejo tinha já uma "tradição" de acolhida, e as pessoas já estavam envolvidas num processo de ajuda, que elas puderam raciocinar fazendo um apelo aos seus valores. No final, se os valores têm um impacto sobre as atitudes, sobre os juízos, e sobre as percepções, não é nem de longe evidente que eles influenciem diretamente os comportamentos. A partir dos estudos de Schwartz (1996), sabemos que os valores exercem um papel menor nos comportamentos, salvo no conflito de valores.

Para ele, na ausência de conflitos de valores, as respostas *scriptadas* são suficientes (um *script* é uma sequência de comportamentos aprendida que permite que nos adaptemos).[59] Muitas variáveis situacionais podem afetar a consistência entre os valores e os comportamentos. Assim, as normas sociais fortes, pela pressão que elas exercem para que a pessoa se comporte em função das expectativas de outrem, são suscetíveis de diminuir a consistência valores-comportamentos (SCHWARTZ, 1977); BARDI e SCHWARTZ, 2003); e fortes *motivações* externas (por exemplo, recompensas ou punições) podem levar a um comportamento oposto aos valores.

As pressões temporárias podem igualmente diminuir essa consistência: Por exemplo, os seminaristas, que estavam atrasados para dar um curso (conferência) sobre a importância de ajudar aos outros, têm mais a tendência em deixar de ajudar uma pessoa doente encontrada no caminho que os que não estavam atrasados (DARLEY e BATSON, 1973). Por outro lado, aumentar a saliência dos valores (aumentar a sua acessibilidade) faz crescer a consistência valores-comportamentos.

---

59 Devemos, entretanto, supor que as respostas *scriptadas* são elas mesmas carregadas de valores: As pessoas não aprendem, seja lá qual for o *script*, pela observação de não importa quem, ou fazendo não importa o que, num não importa qual contexto.

Assim, Mario, Olson, Allen e Bernard (2001) compararam o impacto da saliência dos valores *igualdade* e *ajuda* aos da saliência das próprias razões desses mesmos valores sobre a consistência entre os valores e os comportamentos. Eles supunham que o fato de tornar salientes as razões de um valor o inseriria no leque argumentativo (o suporte cognitivo o tornaria mais concreto), enquanto a saliência do valor se relacionaria a um estímulo simples (o valor é simplesmente ativado na cabeça das pessoas).

Portanto, o fato de tornar salientes as razões dos valores deveria levar a uma consistência maior entre os valores e os comportamentos. É exatamente o que acontece nas situações, incitando as pessoas a se comportar de um modo oposto aos valores. Assim, só a saliência das razões em favor da igualdade e da ajuda já induzem a comportamentos respectivamente mais igualitários e mais auxiliadores.

Para os autores, a saliência das razões permite às pessoas vincular o valor a uma informação mais concreta e mais facilmente recuperável que somente a saliência do valor. Desse fato eles puderam perceber o valor não somente como um conceito ideológico abstrato, mas como um guia mais racional para o comportamento, o que os ajudaria a ultrapassar as oposições situacionais de sua expressão. É de se notar que as pessoas que elencaram as razões mais claras e concretas para o valor foram aquelas que se mostraram as mais igualitárias e as mais auxiliadoras.

Esses resultados vão ao encontro das pesquisas de Roccas, Sagiv, Schwartz e Knafo (2002), segundo as quais os valores poderiam, sobretudo, influenciar os comportamentos que estão sob o controle cognitivo. Isso pode ser assim porque os valores são, antes de tudo, apresentados nos discursos ideológicos, assim que buscamos congregar as pessoas, e especialmente, levá-las a agir.

I
Os valores ajudam também (sobretudo?) a justificação

Comecemos por um exemplo, bastante geral, a propósito, do vínculo entre os valores (aqui, religiosos) e a justificação. Uma pesquisa internacional (1999) levada adiante no que diz repeito à França, contemplando uma amostra de 1.615 pessoas, visava, entre outros temas, à justificação do aborto e da eutanásia. Como o demonstra a Figura 3.6, essa justificação depende das confissões religiosas. A impressionante similaridade das duas curvas é devida aos temas a serem justificados, que em última instância são também similares, porque se referem, ambos, à morte decidida por outrem.

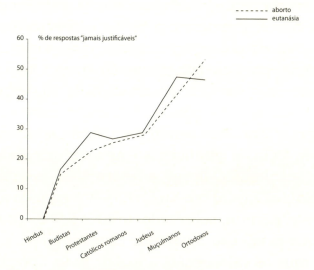

Figura 3.6 – *Justificação do aborto e da eutanásia*
(Fonte: WVS, 2005)

Em nível societário, é na ideologia que vemos aparecer essa função essencial dos valores (ANSART, 1977). Esse quadro de justificação remete à questão das relações intergrupais e permite legitimar as respostas sociais (JOST e BANAJI, 1994).

Entretanto, segundo Baechler (1976, p. 74) a justificação ideológica é difícil, e mesmo impossível, uma vez que não há uma razão última que possa dar conta de um valor. O apelo implícito ou explícito aos valores faz com que uma pessoa justifique seus atos; ou que um observador social justifique a posição de um grupo em relação a outros grupos; justifique o destino que coube a esse grupo, ou ainda, que um grupo justifique a sua posição em relação aos demais grupos. Em nível individual Bilsky e Schwarz (1994) assinalaram que o fato – para uma pessoa – de atribuir uma maior importância a valores representa uma *necessidade de crescimento,* e decorre da necessidade de realização de metas sociais; ao contrário, as mesmas pessoas reduzem a importância atribuída a esses valores quando elas não podem atingir essas metas. O mecanismo psicológico em jogo é a racionalização. Quando a situação é fora do comum, quando ela apresenta problemas, quer que ela (a pessoa) precise explicar uma decisão/situação, as pessoas procuram explicações e justificam seus juízos ou os comportamentos que assumiram (ou decidiram tomar). Elas apelam, nesses casos, aos valores.

I – Valores e justificação nas representações sociais e nos estereótipos

As representações sociais

Demonstramos que os valores são orientadores dos processos e dos conteúdos representacionais. É agora sobre o plano de suas funções que as representações sociais serão de novo abordadas. Elas são, a propósito, descritas como tendo função de ordem cognitiva: Trazem informações e explicações (JODELET, 1989; MOSCOVICI, 1961, 1981); categorização (ABRIC, 1987), diferenciação (DESCHAMPS e CLÉMENCE, 1987), atribuição (HEWSTONE, JASPARS e LELLJEE, 1982). Mas elas têm também funções de ordem adaptativa, em sua relação com as condutas. Entre essas últimas, a função justificadora é a mais importante. Com efeito, as representações permitem justificar as relações intergrupais e/ou interpessoais (DOISE, 1969, 1973); JODELET, 1989).

Essa função interviria *antes* de toda e qualquer relação (justificação antecipadora) e *depois* da interação (justificação *a posteriori*). No caso da justificação antecipadora, a representação intervém na determinação da ação, antecipando-a. Assim, já em 1972, Doise, Dann, Gouge, Larsen e Ostelle demonstraram que a antecipação de uma interação entre grupos determina as representações que cada grupo tem do outro. Doise (1969) tinha, por outro lado, demonstrado que antes mesmo da interação, o grupo *adversário* já tinha sido investido de caracteres que justificavam um comportamento competitivo em relação a ele.

No caso da justificação *a posteriori*, a justificação segue o desenrolar da ação. Ela decorre daquilo que precede, que as representações servem para justificar um comportamento eventualmente segregacionista (BILLIG, 1984; JODELET, 1989). Assim, compreendemos no vocabulário da extrema direita dos anos 1980, as palavras *sidatorium* ou *sidaïque*, que não somente remetem aos temas-chave do grupo considerado (ORFALI, 1990), mas leva também a classificar os portadores de

AIDS numa categoria a parte e adotar ou justificar as condutas eventuais ou finais de descriminação.[60]

Isso posto, a questão da justificação *antecipatória* é provavelmente uma questão falsa: Não se justifica antes de tomar uma decisão, ou antes de ter agido, mas sim, após esses procedimentos. Em outros termos, a justificação é forçadamente, *a posteriori*. A justificação das condutas aparece com mais evidência nos casos das representações intergrupais (portanto, dos estereótipos) que nos casos de outras representações. Mas em todos os casos, ela é eminentemente carregada de valores. Por exemplo, a representação da loucura (ou o estereótipo *louco*) permite justificar a exclusão da pessoa, concebida como a única responsável daquilo que lhe acontece (PLAZA, 1986, p. 25).

Morin e Vergès (1992, p. 59) demonstraram que os sujeitos percebem doenças *desculpáveis* ou *explicáveis* por herança genética[61] (como o câncer) e outras que remetem à *responsabilidade* das vítimas (como a AIDS). De um lado, os sujeitos atribuem uma *força moral* e um *sofrimento* aos doentes de câncer, e por outro lado, para os mesmos sintomas e doenças, eles atribuem mais *sofrimento* ainda aos heterossexuais que aos homossexuais atingidos pela AIDS ou pela leucemia.

Os autores veem aqui o reflexo de uma ideologização valorizadora das doenças *inocentes* em relação às doenças *culpáveis*:

---

60 *Sidaïque* se aproxima de *judaïque*; quanto a *sidatorium*, mesmo que lembre *sanatorium* nesse contexto particular, ele evoca também *crematorium*. Tenhamos em mente que em francês a sigla AIDS vem na forma de SIDA; mantivemos os termos no original devido ao próprio contexto político francês (NT).
61 O que não é a mesma coisa: Um ato pode ser explicável sem que por isso seja escusável. De um lado, nos situamos no domínio do intelecto e do outro, estamos mais, no do valor e do afeto.

Pode-se pensar que [...] a construção diferenciada do objeto-AIDS é ainda hoje fundamentalmente atravessada por uma contaminação de caráter estigmatizante (responsabilidade, vergonha), mais especialmente contaminada em diversas conotações "particularizantes" [...].

Esses trabalhos devem, antes de tudo, estar relacionados às pesquisas de Lerner (1980), que demonstrou que as pessoas pensam, em geral, que aquilo que acontece com os demais seria justo (crença da justiça no mundo). Elas estão mais dispostas a confiar na justificação:

> *A explicação social da AIDS fez um apelo a uma hermenêutica tal que fustiga uma sociedade quanto aos valores "imunodeficientes" e a julga muito permissiva no domínio da sexualidade [...], banindo as pessoas portadoras do vírus [...], gerando representações específicas da contagiosidade permitindo, assim, justificar o distanciamento dos grupos suspeitos.* (BÈGUE e MORIN, 1998, p. 23)

Estereótipos

> Nas raças mais inteligentes como os parisienses, há uma notável proporção feminina cujos crânios se aproximam mais ao volume dos gorilas que aos crânios do sexo masculino os mais desenvolvidos [...]. Essa inferioridade é bastante evidente para ser contestada um momento sequer, e não se pode discutir muito, senão sobre o seu grau.
>
> Todos os psicólogos que estudaram a inteligência feminina, além dos romancistas e dos poetas, reconhecem hoje em dia que elas representam formas mais inferiores da evolução humana e estão muito mais próximas das crianças e dos selvagens que do homem adulto civilizado.
>
> Elas têm primeiramente, a mobilidade e a inconstância, a imprevidência e o costume de não ter, senão, o instinto do momento por guia [...]. Não podemos negar que existem mulheres

> bem distintas, bastante superiores à média dos homens, mas são essas, casos tão excepcionais, como o nascimento de uma monstruosidade qualquer, tal como um gorila de duas cabeças, e por isso, negligenciável inteiramente.
>
> Disso decorre que, querer dar aos dois sexos [...] a mesma educação e por decorrência disso, propor-lhes as mesmas metas, é uma quimera perigosa. [...] O dia em que, desprezando as ocupações inferiores que a natureza lhe deu, a mulher deixar o seu lar e vier tomar parte de nossas lutas, nesse dia então, começará uma revolução social em que desaparecerá tudo o que constitui hoje em dia os vínculos sagrados da família e cujo futuro dirá que nenhum teria sido mais funesto.
>
> LE BON, G. 1879
> Citado por GOULD, 1983, p. 120

Essa citação ilustra claramente a função da justificação dos estereótipos e seu vínculo com os valores dominantes (em especial aqui, os *vínculos sagrados da família*). O apelo às características femininas, assim ditas, inatas e aos valores societários permite bem claramente a Gustave Le Bon, defender o *status quo* no que diz respeito aos papéis sexuais, e mais amplamente, o equilíbrio do sistema social.

Na vida cotidiana, como vimos, a pessoa atribui espontaneamente valores positivos e percebe no geral ou outro de preferência de modo positivo. Entretanto, em certos casos, ela pode atribuir claramente "valores negativos" (racismo ou sexismo, por exemplo), especialmente no caso de conflitos intergrupais (BAR-TAL, 1989; SCHWARTZ e STRUCH, 1989).

Nesses casos, a função da justificação é evidente: O fato de definir as outras pessoas como *menos boas* ou como *semi-humanas* permite justificar a sorte ou o destino que elas vão ter de assumir. A noção de "raça", por exemplo, tem sua origem na biologia e designa uma espécie geneticamente distinta de uma outra (OSBONE, 1971).

Essa noção foi utilizada no século XIX pelos etnólogos que dividiram a espécie humana em três "raças" segundo a cor da pele: Negra, branca e amarela. Depois os geneticistas, demonstraram que a diferença entre as pessoas de uma mesma raça são bem mais importantes ou fortes que as diferenças entre as "raças" (STRINGER, 1991; as pesquisas do genoma humano).

Em consequência disso, o termo "raça" não pode ser aplicado aos seres humanos (UNESCO, 1969). Apesar de, portanto, essa noção não ter lá muitos fundamentos biológicos, ela permanece entretanto, sendo utilizada por alguns grupos racistas e de um modo mais amplo, encontramos traços da mesma na linguagem comum. É que ela tem uma função social importante. Ela permite, com efeito, explicar eventos, as diferenças entre os seres humanos, justificar as exclusões e finalmente, manter as desigualdades sociais.

Já em 1953 (pp. 88-89) escrevia Saenger:

> A propagação da teoria da inferioridade racial não serve apenas para apaziguar a consciência dos grupos majoritários exploradores, ela é muitas vezes adaptada especificamente para as suas necessidades econômicas mutantes. Ela não diz unicamente que as minorias oprimidas devem considerar-se "felizes" de sua situação, mas ela explica de um modo bem particular, que o grupo dominado não pode efetuar o trabalho do qual ele foi excluído em benefício do grupo dominante.

O mesmo fenômeno se produz no caso do sexismo. Segundo a teoria da identidade social, os estereótipos servem aos interesses dos membros de um grupo pela atestação da superioridade endogrupal e justificando assim os comportamentos discriminatórios em vista do exogrupo. Por exemplo, Rosette Avigdor (1953) demonstrou que o estereótipo é geralmente desfavorável se os grupos forem alocados em interação conflituosa, geralmente favorável se a interação for amigável ou cooperativa. Ela também e especialmente, demonstrou que as características mais susceptíveis de exacerbar o conflito são as atribuídas ao outro grupo.

Essa estratégia, geralmente não consciente, permite, evidentemente, justificar as condutas. Dizer que os outros são *simpáticos* não permite que se justifique o conflito. Ao contrário, descrever o grupo como *agressivo* pode ajudar (a presença do conflito). No enquadre intergrupal, Marques (1990; MARQUES IZERBYT e LEYENS, 1988) demonstrou que os juízos extremados que dizem respeito aos membros endogrupais não acontecem, senão, pelas dimensões pertinentes ao endogrupo (se um grupo valoriza a honestidade e se alguns de seus membros se comportam desonestamente, eles serão percebidos como portadores de extrema desonestidade, mesmo se eles forem descritos também como competentes ou simpáticos; o que justificaria a sua exclusão).

2 – Os valores utilizados para a justificação não são sempre aqueles que a pessoa prioriza

Kristiansen e Zanna (1988) mediram as atitudes dos estudantes ante temas sociais (liberalização do aborto e autorização de armas nucleares).

A partir do inventário de Rokeach, os sujeitos tinham que indicar a importância que tinham os valores em suas vidas. Além do mais, eles deviam indicar a pertinência de cada valor em relação ao tema da reflexão.

Os resultados indicaram importantes similaridades nos valores considerados como pertinentes, tanto entre os sujeitos *pró* como entre os sujeitos *anti* (contra). Por exemplo, tanto os *pro* como os *anti* aborto consideravam que a *igualdade* e o *respeito de si* e a *harmonia interior* seriam pertinentes no enquadre do aborto.

Quanto às armas nucleares, todos os sujeitos estavam de acordo em dizer que o valor mais pertinente seria *um mundo de paz*. Entretanto, a importância atribuída a outros valores variava em função das atitudes. Assim, tanto os *pró* como os *anti* consideravam que a *segurança nacional* seria pertinente para o tema, mas os *pró* estimavam isso mais pertinente que os *anti*.

Os sujeitos favoráveis à liberalização do aborto julgaram a *liberdade* mais pertinente que os que se opuseram. Os primeiros estimavam prioritários os valores *liberdade, vida confortável* e *prazer* enquanto os segundos atribuíram mais importância à *salvação* religiosa.

Do mesmo modo, Dickinson (1991) pediu que os sujeitos respondessem à Escala de Rokeach, depois de avaliar as modificações salariais exigidas para se estabelecer a equidade para sete tipos de empregos. Eles deviam, igualmente, justificar as suas recomendações.

Conforme a hipótese que propõe que os valores sejam um guia para as atitudes, as avaliações das modificações dos salários dependeriam das prioridades dos valores: As pessoas que propunham mais recomendações equitativas atribuíam mais importância aos valores *igualdade* e *harmonia interior* e menos importância a *uma vida confortável, animada* e *prazerosa*.

Mas os valores propostos pelos sujeitos para justificar as suas proposições foram grandemente independentes de suas prioridades de valores. A justificação apelava para os valores articulados à retórica social que dizia respeito às reivindicações salariais e não aos valores individuais.

Kristiansen e Matheson (1990) interrogaram estudantes sobre o tema das armas nucleares no Canadá. Os estudantes deveriam escrever o que eles pensavam e depois completar escalas que permitiam identificar as suas atitudes diante das armas nucleares no Canadá, respondendo se eles estariam confiantes em suas atitudes. Depois, preencheriam um questionário de Rokeach sobre os 18 valores terminais e deviam opinar sobre a pertinência desses valores em relação ao tema.

Os resultados indicaram mais uma vez que as atitudes e as prioridades dos valores estariam correlacionadas: Os estudantes que privilegiavam *segurança nacional* e *paz* mostraram-se mais favoráveis às armas nucleares. Em acordo com a hipótese dos valores como justificação, os sujeitos difeririam quando à maneira como eles percebiam a *paz* e a *segurança nacional* como valores pertinentes.

Mesmo quando a importância atribuída aos valores era controlada, os estudantes que se opunham às armas nucleares avaliaram a *paz* como um valor mais pertinente que a *segurança nacional*, enquanto os estudantes favoráveis às armas nucleares tinham uma percepção exatamente oposta à pertinência desses mesmos valores. Por fim, os sujeitos em favor das armas nucleares, bem como os sujeitos que se lhes opunham, mostraram-se mais confiantes em suas atitudes que os sujeitos neutros. Eles desenvolveram também um arrazoado menos complexo que os sujeitos neutros.

Assim, os valores ensejavam mais confiança nos juízos, e estão vinculados a uma simplificação do raciocínio, o que deve estar vinculado ao fato de que os valores funcionam como truísmos. Essas pesquisas mostram que podemos privilegiar alguns valores, mas não utilizá-los quando temos que justificar as nossas decisões.

Parece, portanto, que as pessoas apelam aos valores para justificar as suas atitudes, mesmo quando esses valores não são, de fato, vinculáveis às atitudes, mas estariam disponíveis no contexto (KRISTIANSEN e HORTE, 1996).

Nos estudos precedentes, interessamo-nos pelos valores sob o ângulo individual. O que acontece com eles em nível intergrupal?

Em 1990, Kristiansen interessou-se pela maneira como os valores permitiriam justificar as relações entre os grupos (aqui, homossexuais – *gays* e lésbicas). Esses dois grupos têm a homossexualidade como elemento em comum, mas podem ser percebidos por seus membros como sendo grupos bem distintos. Em particular, as lésbicas feministas podem pensar que a sua identidade feminina esteja subordinada à dos homens e, por isso, lutar para reestabelecer a igualdade.

Quanto às atitudes intergrupais, são justificadas simbolicamente por projeções infundadas em termos de valores, então as atitudes das lésbicas para com os *gays* deveriam estar vinculadas à crença segundo a qual esses últimos violariam valores importantes. Kristiansen inicialmente demonstrou que as lésbicas feministas percebiam efetivamente os *gays* como um grupo distinto do seu, enquanto as lésbicas se percebiam como membros no mesmo grupo que os *gays*. Uma análise de correlação por níveis demonstrou que os sistemas de valores dos *gays* e das lésbicas eram de modo impressionante, similares.

Entretanto, se os movimentos *gays* e de lésbicas tendiam a superestimar as similitudes de seus sistemas de valores respectivos, as feministas lésbicas não encontraram similitude alguma entre os seus valores e os dos *gays*. Mais ainda, elas percebiam os *gays* como aqueles que atribuíam menos importância à *liberdade,* à *harmonia interior* e à *alegria*, valores classificados no nível 4, 7 e 9 em sua hierarquia de valores. Nesse estudo a não similaridade percebida nos sistemas de valores explicou 36% da variância das atitudes para com os *gays*.

Os resultados são coerentes com a teoria da identidade social segundo a qual, os membros de um grupo tendem a subestimar a similaridade entre seus próprios valores e os de um exogrupo a fim de desenvolver – ou de manter – uma identidade social positiva.

Assim, do mesmo modo como as pessoas apelam para os valores para justificar as suas atitudes para com as questões societárias, elas tendem também a exagerar as diferenças de valores entre os grupos. Por quê? Provavelmente para manter a distinção e a positividade de seu próprio grupo e para minimizar a seus olhos as implicações negativas de suas atitudes de rejeição. Assim, as pessoas podem apelar para os valores que não lhes são necessariamente prioritários para elas, quando elas têm uma situação a ser justificada.

À guisa de conclusão

Comecei esta obra fazendo menção às razões que me levaram a refletir sobre os valores. Busquei mostrar que, vistos sob o ângulo da filosofia (não fiz mais que tocar levemente nesse assunto) e sob o ângulo da psicologia social, todos os valores são fundamentalmente sociais: Mesmo quando são os indivíduos que os expressam, não existem, muito provavelmente, valores estritamente individuais, e os juízos de valor emitidos por um indivíduo têm sempre um caráter social senão, coletivo.

Abordei o vínculo que os valores têm com a moral e com a ética e vimos que, ainda que o termo valor possa assumir acepções diversas, ele é um ponto sobre o qual as pessoas se entendem: Por trás da noção de valor encontram-se a de *Bom* e de *Bem*. É difícil imaginarmos "valores negativos", e ainda mais difícil é pensar que possamos assumir valores negativos. Por outro lado, cremos que os outros podem. Vimos que, de um modo ou de outro, um valor é um ideal que dá uma direção, um sentido à vida individual ou coletiva. "Dar um sentido" significa igualmente, "dar uma significação": Os valores dão um sentido à vida, e a busca de um sentido seria muito provavelmente, uma das finalidades da comunicação humana, como o vemos no compartilhamento das emoções.

Busquei mostrar que os valores, ainda que possamos descobrir neles uma certa universalidade em sua organização, remetem a uma dinâmica: Eles se inscrevem na ação e sua hierarquia mostra muito mais plasticidade que poderia crer o "comum dos mortais". Vimos que um grande número de pesquisas consideram os valores como orientadores ou orientações. Em nosso modo de perceber o mundo, eles subjazem e influem de modo determinante aos sistemas categoriais: Eles influem em nível da formação e da manutenção das categorias sociais, das representações, dos preconceitos e dos estereótipos que desenvolvemos. Limitei-me ao campo da percepção social, mas a psicologia social como um todo – parece-me – tratar dos valores (pelo menos, do valor atribuído à pessoa, a um objeto). Por exemplo, a pequena frase "os amigos de meus amigos são meus amigos", refere-se ao que Heider chama de tríade cognitiva equilibrada, e uma tríade é equilibrada quando o produto dos valores (ou das valências) das associações for positivo (no exemplo: 1) Eu e meus amigos (+); 2) Meus amigos e seus amigos (+); 3) Eu e os amigos de meus amigos (+); (+) x (+) x (+) = (+).

Na presente obra vimos que os valores podem influenciar as pessoas em suas percepções do outro, sem que elas estejam claramente conscientes disso, e que os seus juízos podem ser diferentes quando elas têm consciência dos valores. Essa questão de um impacto diferente dos valores segundo as pessoas estarem ou não conscientes merece ainda muita pesquisa.

Ao mesmo tempo, se os valores orientam as atitudes, as opiniões, e até mesmo as intenções de agir, vimos que é menos certo que eles influam diretamente nos comportamentos: Eles seriam um dos numerosos fatores do contexto que podem levar as pessoas a agir.

Vimos também que tanto os filósofos como os psicólogos, reconhecem nos valores uma função de justificação. O mais espantoso, quem sabe, é o fato segundo o qual os valores permitem justificar tomadas de posição mesmo quando eles não estão implicados, e que os valores privilegiados pelas pessoas não necessariamente aqueles que elas vão utilizar para justificar os seus juízos. Em última instância, não estou longe de pensar que os valores não intervenham no mais das vezes senão *a posteriori*, a título de legitimação.

Para ficar no campo do questionamento, como os valores são às vezes anteriores e às vezes posteriores aos comportamentos, e como a pesquisa é um processo infinito, as questões continuam sendo numerosas. Por exemplo: Existem valores que orientam prioritariamente os comportamentos? E outros que orientam preferentemente as percepções? Existem valores que permitem justificar (os comportamentos e as percepções)? Quando os valores orientam os comportamentos e quando os justificam? Em um outro nível, a estrutura circular forma um plano (bidimensional) ou tem ele uma terceira dimensão? Existem mesmo valores espirituais?

Poderíamos, certamente, abordar numerosas outras questões, mas não é esse o objetivo desta obra. Busquei mostrar uma primeira camada de um campo complexo, o que forçosamente nos levará a *escavar* outras camadas abaixo, e outras mais por trás dessas e assim por diante.

Se suscitei o desejo de saber mais, se pude transmitir um pouco daquilo que recebi de meus pais e de meus pares, já me dou por feliz.

Referências bibliográficas

ABRIC, J.C. *Coopération, Compétition et Représentations Sociales*. Cousset: Del Val, 1987.

AEBISCHER, V.; DECONCHY, J.P.; LIPIANSKI, E.M. *Idéologies et Représentations Sociales*. Cousset: Del Val, 1991.

ALLEN, W. *Deconstructing Harry* (Filme), DOUMANIAN, J.; BEAUCAIRE, J.E.; ROLLINS, J.; JOFFÉ, C.H.; ARONSON, L. (Produtores) e ALLEN, W. (Realizador), 90m, 1997.

ALLEN, W. *Tout Ce que Vous Avez Toujours Voulu Savoir Sur le Sexe Sans Jamais Oser le Demander* (filme). ROLLINS, J.; JOFFÉ, D.H.; BRIDSKY/ GOULD (Produtores), ALLEN, W. (Realizador), 86m, 1972.

ALLPORT, G.W. *The Nature of Prejudice*. Reading: Addison-Westley, 1954.

ALPORT, G.W.; VERNON, P.E. The Field of Personality. *Psychological Bulletin*, 1930, 27(10), pp. 677-730.

AMABILE, T.; GLAZEBROOK, A.H. A negativity bbias in interpersonal evaluation. *Journal of Experimental Social Psychology*, 1982, 18, pp. 1-22.

AMERIO, P. Idées, sujets et conditions sociales d'existence. Em: AEBISCHER, V.; DECONCHY, J.P.; LIPIANSKI, E.M. *Idéologies et Représentations Sociales*. Cousset: Del Val, 1991, pp. 99-116.

ANDERSON, N.H. Likeableness ratings of 555 personality-traits words. *Journal of Personality and Social Psychology*, 1968, 9, pp. 272-279).

ANDERSON, N.H. Cognitive algebra: integration theory applied to social attribution. Em: BERKOWITZ, L. (Ed.) *Advances in Experimental Social Psychology*. New York: Academic Press, 1974, vol. 7, pp. 1-101.

ANSART, P. *Idéologies, Conflits et Pouvoir*. Paris: PUF, 1977.

ANZIEU, D.; MARTIN, J.Y. *La Dynamique des Groupes Restreints*. Paris: PUF, 1968.

ARIÈS, P. *L'Enfant et la Vie Familiale Sous L'ancien Regime.* Paris: Seuil, 1973. *História social da infância e da família.* Rio de Janeiro: LCT, 1978.

ASCH, S. Forming impressions of personality. *Journal of Abnormal and Social Psychology,* 1946, 41, pp. 258-290.

ASTILL, B.R.; FEATHER, N.T.; KEEVES, J.P. A multilevel analysis of the effects of parents, teachers and schools on student values. *Social Psychology of Education,* 2002, 5, pp. 345-363.

AUEL, J.M. *Les Enfantes de la Terre: La Valée des Cheveaus.* Paris: Presses de la Cité, 1982, vol. 2.

AVIGDOR, R. Étude expérimentale de la genèse des stéréotypes. *Cahiers Internationaux de Sociologie,* 1953, 14, pp. 154-168.

BADINTER, F. *L'Amour en Plus.* Paris: Flammarion, 1980. *Um amor conquistado: O mito do amor materno.* Rio de Janeiro: Nova Fronteira, 1985.

BAECHLER, J. *Qu'est-ce que L'idéologie?* Paris: Gallimard, 1976.

BAR-TAL, D. Deligitimization: the extreme case of stereotyping and prejudice. Em: BAR-TAL, D.; GRAUMANN, C.F.; KRUGLANSKI, A.W.; STROEBE, W. (Eds.) *Stereotyping and Prejudice.* New York: Springer-Verlag, pp. 169-181.

BAR-TAL, D.; HAREL, A. Teacher as agents of political influence in the israeli high school. *Teaching and Teacher Education,* 2002, 18, pp. 121-134.

BARDI, A.; SCHWARTZ, S.H. Values and behavior, strength and structure of relations. *Personality and Social Psychology Bulletin,* 2003, 29(10), pp. 1207-1220.

BARGH, J.A. The automaticity of everyday life. Em: WYER, R.S. (Ed.). *Advances in Social Cognition.* Mahwah: Erlbaum, 1997, vol. 10, pp. 1-48.

BARGH, J.A. The cognitive monster: the case against the controllability of automatic stereotype effects. Em: CHAIKEN, S. TROPE, Y. (Eds.). *Dual-Process Theories in Social Psychology.* New York: Guilford Press, 1999, pp. 361-382.

BARGH, J.A. What have we been priming all these years? On the development, mechanisms, and ecology of nonconscious social behavior. *European Journal of Social Psychology,* 2006, 36(2), pp. 147-168.

BARGH, J.A.; CHEN, M.; BURROWS, L. Automaticity of social behavior, direct effects of trait construct and stereotype activation on action. *Journal of Personality and Social Psychology,* 1996, 71, pp. 230-244.

BATESON, G. Codage et valeur. Em: LÉVY, A. (Ed.) *Psychologie Sociale. Textes Fontamentaux.* Paris: Dunod, (1951)1978, vol. 1, pp. 186-192.

BEATON, A.M.; TOUGAS, F.; CLAYTON, S.; PERRINO, A. L'impact des valeurs conservatrices et de préjugés racistes sur l'ouverture à l'immagination. *Canadian Journal of Bahavioural Science,* 2003, 35(3), pp. 229-237.

BEAUMARCHAIS, A. *Le Mariage de Figaro.* Paris: Hachette, (1784) 1976.

BEAUVOIS, J.L. La connaissance des utilités sociales. *Psychologie Française,* 1995, 40(4), pp. 375-387.

BEAUVOIS, J.L.; DUBOIS, N. Socialisation et internalisation des utilités compertamentales. Em: BEAUVOIS, J.L.; DUBOIS, N.; DOISE, W. (Eds.). *La Construction Sociale de la Personne.* Grenoble: Presses universitaires de Grenoble, 1999, pp. 217-231.

BEAUVOIS, J.L.; JOULE, R.V. Soumission et idéologie. *Psycholsociologie de la Rationalisation.* Paris: PUF, 1981.

BÉGUE, L.; MORIN, M. Pratiques sociales, religion et jugement moral: philosophies morales implicites et attitudes de caholiques pratiquants engagés dans la lutte contre le Sida. *Cahiers Internationaux de Psychologie Sociale,* 1998, 37, pp. 23-44.

BERGER, P.L.; LUCKMANN, T. *The Social Construction of Reality.* London: Allen Lane, 1967. *A construção social da realidade: tratado de sociologia do conhecimento.* Petrópolis: Vozes, 1978.

BERGER, P.L.; LUCKMANN, T. *La Construction Sociale de la Réalité.* Paris: Méridiens Klincksieck, 1989.

BETANCOR, V.; LEYENS, J.P.; RODRIGUEZ, A.; NIEVES QUILES, M. Atribución diferencial aliança endogrupo y aliança exogrupo de las dimensiones de moralidad y eficacia, un indicador de favoritismo endogrupal. *Psichothema,* 2003, 15(3), pp. 407-413.

BIERNAT, M.; VESCIO, T.; THENO, S.A.; CRANDALL, C.S. Values and prejudice: toward understanding the impact of american values on outgroup attitudes. Em: SELIGMAN, C.; OLSON, J.M.; ZANNA, M.P. (Eds.). *The Psychology of Values.* Mahwah: Erlbaum, 1996 (The Ontario Symposium, 8), pp. 153-189.

BILLIG, M. Racisme, préjugés et discrimination. Em: MOSCOVICI, S. (Ed.), *Psychologie Sociale.* Paris: PUF, 1984, pp.449-472.

BILSKY, W.; SCHWARTZ, S.H. Values and personality. *European Journal of Personality,* 1994, 8, pp. 163-181.

BLANQUART, P. Valeurs et travail social aujourd'hui. *Forum,* 1992, 2, pp. 2-5.

BLOCH, V.; DEPRET, E.; GALLO, A.; GARNIER, P.; LECONTE, M.D.; LE NY, J.F.; POSTEL, J.; REUCHLIN, M. *Dictionnaire Fondamental de la Psychologie.* Paris: Larousse, 1997.

BLONDEL, E. *La Morale.* Paris: Flammarion, 1999.

BOLOGNE, J.C. *Histoire de la Pudeur.* Paris: Hachette, 1986.

BOUCHER, H.; OSGOOD, C.E. The pollyanna hypothesis. *Journal of Verbal Learning and Verbal Behavior,* 1969, 8, pp. 1-8.

BOUDON, R. *Le Juste et le Vrai.* Paris: Fayard, 1995.

BOURGEOIS, M. *Érotisme et Pornographie dans la Bande Desinée.* Paris: Glénat, 1978.

BOURGEOIS, E. Motivation et formation des adultes. Em: CARRÉ, P.; FENOUILLET, F. (Eds.) *Traité de Psychologie de la Motivation.* Paris: Dunod, 2008, pp. 233-251.

BOURHIS, R.; GAGNON, A. Les préjugés, la discrimination et les relations intergroupes. Em: VALLERAND, R.J. (Ed.) *Les Fondements de la Psychologie Sociale.* Québec: Gaëtan Morin, 1994, pp. 707-773.

BOURHIS, R.; LEYENS, J.P. *Stéréotypes, Discrimination et Relations Intergroupes.* Bruxelles: Mardaga, 1994.

BRAITHWAITE, V. The value orientations underlying liberalism-conservatism. *Personality and Individual Differences,* 1998, 25, pp. 575-589.

BRAUN, C.; GRÜNDL, M.; MARBERGER, C.; SHERBER, C. Beautychek; Ursachen und Folgen und Attrackivität. Projekt abschlussbericht. Pdf-dokument: <www. Beautychek.de/bericht/bericht/htm>.

BROWN, N. *Social Psychology.* New York: Free Press, (1965) 1986.

BRUNNER, J.S.; GOODMAN, C.C. Value and need as organizing factors in perception. *Journal of Abnormal and Social Psychology,* 1947, 42, pp. 33-44.

BÜCHER, A. The influence of models informing moral identity. *International Journal of Educational Research,* 1998, 27(7), pp. 619-627.

CAILLÉ, A. Y a-t-il des valeurs naturelles? *Revue du Mauss,* 2002, 19(1), pp. 73-79.

CAMBON, L. Désirabilité sociale et utilité sociale, deux dimensions de la valeur communiquée par les adjectifs de personalité. *Revue Internationale de Psychologie Sociale,* 2006, 19(3-4), pp. 125-151.

CAMBON, L.; DJOUARI, A.; BEAUVOIS, J.L. Social judgment norms and social utility: when it is more valuable to be useful than desirable. *Swiss Journal of Social Psychology,* 2006, 65(3), pp. 167-180.

CAMPBELL, D.T. Common fate, similarity and other indices of the status of aggregates of persons as social entities. *Bahevioural Sciences,* 1958, 3, pp. 14-25.

CAMPBELL, D.T. Social attitudes and other acquired behavioral dispositions. Em: KOCH, S. (Ed.). *Psychology: A Study of a Science.* New York: McGraw-Hill, 1963, pp. 94-172.

CARFANTAN, S. La Primauté des Valeurs. <www.sergecar.club.fr/cours/devoir5.dtm>. Acesso em: dezembro de 2006.

CHABROL, C. Représentations sociales, procès d'idéologisation et régularisations psycho-socio-langagières dans les réunions. Em: AEBISCHER, J..P.; DECONCHY, J.P.; LIPIANSKI, E.M. (Eds.) *Idéologies et Représentations Sociales.* Cousset: Del Val, 1991, pp. 87-96.

CHATAIGNÉ, D.; SCHADRON, F.; MORCHAIN, P. Impact de la déterminabilité et de l'amorçage de la transcendance de soi sur l'importance attachée à cette valeur et sur l'infrahumanisation. 2009, *no prelo.*

CHÂTEAU, J. *L'Humanisation. Ou les Premier pas des Valeurs Humaines.* Bruxelles: Mardaga, 1985.

CHEKROUN, P.; NUGIER, A. Le rôle des émotions morales dans le contrôle social endogroupe: "Tu me fais honel!". *Revue Internationale de Psuchologie Sociale,* 2005, 18, pp. 77-97.

CHIN, M.G.; MCCLINTOCK, C.G. The effects of intergroup discrimination and social values on level of self-esteem in the minimal group paradigm. *European Journal of Social Psychology,* 1993, 23, pp. 63-75.

CHOMBART DE LAUWE, M.J. *Un Monde Autre: l'Enfance.* Paris: Payot, 1979.

CHOMBART DE LAUWE, M.J. La représentation des catégories sociales dominées: rôle social. Intériorisation. *Bulletin de Psychologie,* 1983-1984, 37(15-16), pp. 877-886.

CIALDINI, R.B.; KALLGREN, C.A.; RENO, R.R. A focus theory of normative conduct. *Advances in Experimental Social Psychology,* 1991, 24, pp. 201-234.

CLARK, K.B.; CLARK, M.P. Racial identification and preference in negro children. Em: NEWCOMB, T.M.; HARTLEY, E.L. (Eds.). *Readings in Social Psychology.* New York: Holt, Rinehart & Winston, 1947, pp. 169-178.

CODOL, J.P. Représentation de la tâche et comportements dans une situation sociale. *Psychologie Française,* 1968, 13(3-4), pp. 241-264.

CODOL, J.P. Perception des relations de bienveillance, d'individualisme et d'égalitarisme entre les membres d'un groupe fictif. *Bulletin de Psychologie,* 1970-1971, 24(16-18), pp. 1048-1063.

CODOL, J.P. On the so-called "superior conformity of the self" behavior: twenty experimental investigations. *European Journal of Social Psychology*, 1976, 5, pp. 457-501.

CODOU, O. De l'Idéologie à la Perception Sociale, une Application du Modèle de Doise: le cas du Libéralisme. Nice: Université de Nice-Sophia Antipolis, 2008. Tese de doutorado, não publicada.

COMTE-SPONVILLE, A. *Petit Traité des Grandes Vertus*. Paris: PUF, 1995.

CORNEILLE, P. *Le Cid*. Paris: Gallimard, (1637) 2000.

CRANDALL, C.S.; ESHLEMAN, A.; O'BRIEN, L. Social norms and the expression and suppression of prejudice, the struggle for internalization. *Journal of Personality and Social Psychology*, 2002, 82(3), pp. 359-378.

CROIZET, J.C. Les effects d'amorçage dans la formation d'impression. *Psychologie Française,* 1991, 36, pp. 79-98.

DAMBRUN, M.; GUIMOND, S.; MICHINOV, N. Les composantes automatique et contrôlée des préjugés ethniques (automatic and controlled components of ethnic prejudice). *Revue Internationale de Psychologie Sociale/International Review of Social Psychology*, 2003, 16(1), pp. 71-96.

DARDENNE, B. Psychologie et Écologie: Comment Amener à Davantage de Comportements Favorables à l'Environnement? <reflexions.ulg.ac.be/cms/c_17009/>.

DARLEY, J.; BATSON, C.D. "From Jerusalem to Jericho": a study of situational and dispositional variables in helping behavior. *Journal of Personality and Social Psychology*, 1973, 27, pp. 100-108.

DAUBERT, M. La revanche des taïnos. *Télérama,* 1994, 2304 (9 de março).

DE WIT, G.A. *Symbolism of Masculinity and Femininity*. New York: Springer, 1963.

DEBONO, K. Investigating the social-adjustive and the value-expressive functions of attitudes: implications for persuasion process. *Journal of Personality and Social Psychology*, 1987, 52, pp. 279-287.

DECONCHY, J.P. *L'Orthodoxy Religieuse*. Paris: Les Éditions Ouvrières, 1971.

DECONCHY, J.P. *Psychologie Sociale, Sroyances et Idéologies*. Paris: Méridiens Kincksieck, 1989.

DECONCHY, J.P. Un paradoxe: la moindre capacité des croyants (*vs* non-croyants) à décrypter un stimulus iconique référé à une causalité "miraculeuse" (*vs* una causalité "technologique"). Em: BEAUVOIS, J.L.;

JOULÉ, R.V.; MONTEIL, J.M. (Eds.). *Perspectives Cognitives et Conduites Sociales: Jugements Sociaux et Changement des Attitudes* (4).Neuchatel: Delachaux & Niestlé, 1993, pp. 95-105.

DECONCHY, J.P. *Les Animaux Surnaturés.* Grenoble: Presses Universitaires de Grenoble, 2000.

DESCHAMPS, J.C.; CLÉMENCE, A. *L'Explication Quotidienne.* Cousset: Del Val, 1987.

DEVINE, P.G. Stereotypes and prejudice, their automatic and controlled components. *Journal of Personality and Social Psychology*, 1989, 56, pp. 5-18.

DI GIACOMO, J.P. *Représentations Sociales et Comportaments Collectiffs.* Louvain: Universtié Catholique de Louvain-La-Neuve, 1980 (tese de doutorado).

DICK, P.K. *Blade Runner.* Paris: J'ai Lu, 1976.

DICKINSON, J. Values and judgments of wage differentials. *British Journal of Social Psychology*, 1991, 30, pp. 267-270.

DION, K.K.; BERSCHEID, E.; WALSTER, E. What is beautiful is good. *Journal of Personality and Social Psychology*, 1972, 24, pp. 285-290.

DOISE, W. Stratégies de jeu à l'intérieur, et entre des groupes de nationalité différente. *Bulletin du CERP,* 1969, 18, pp. 13-26.

DOISE, W. Relations et représentations intergroups. Em: MOSCOVICI, S. (Ed.) *Introduction a la Psychologie Sociale.* 1973, Paris: Larousse, Tomo II, pp. 194-213.

DOISE, W. Attitudes et représentations sociales. Em: JODELET, D. (Ed.). *Les Représentations Sociales.* Paris: Presses Universitaires de France, 1989, pp. 220-238.

DOISE, W. Valeurs individuelles et tensions entre dinamique individuelles et institutionnelles. Em: BEAUVOIS, J.L.; DUBOIS, N.; DOISE, W. (Eds.). *La Construction Sociale de la Personne.* Grenoble: Presses Universitaires de Grenoble, 1999, pp. 59-60.

DOISE, W. *Discrimination Sociales et Droits Universels.* Grenoble: Presses Universitaires de Grenoble, 2009.

DOISE, W.; CSEPELLI, G.; DANN, H.D.; GOUGE, C.; LARSEN, K.; OSTELLE, A. An experimental investigation into the formation of intergroup representations. *European Journal of Social Psychology*, 1972, 2, pp. 202-204.

DOISE, W.; PALMONARI, A. *L'Étude des Représentations Sociales*. Neuchatel: Delachaux et Niestlé, 1986.

DOISE, W.; WEINBERGER, M. Représentations masculines dans différentes situtations de rencontres mixtes. *Bulletin de Psychologie*, 1972-1973, 26, pp. 10-11.

DROZDA-SENKOWSKA, E. Positivity bias in judgment by young children. *Cahiers de Psychologie Cognitive/European Bulletin of Cognitive Psychology*. 1990, 10(4), pp. 401-412.

DROZDA-SENKOWSKA, E.; DÉBARD, M.C. Relation de domination et jugement sur autrui: étude expérimentale des appréciations dans un millieu hospitalier. *Revue Internationale de Psychologie Sociale*, 1991, 4(1-2), pp. 171-185.

DROZDA-SENKOWSKA, E.; PERSONNAZ, B. Rôle du contexte normatif sur l'effect de Pollyanne I: compétition et diminuition du penchant positif dans les jugement d'autrui. *Revue Internantionale de Psychologie Sociale*, 1988, 1, pp. 41-50.

DUBOIS, N. *La Norme d'Internalité et le Libéralisme*. Grenoble: Presses Universitaires de Grenoble, 1994.

DUBOIS, N. *A Socio-Cognitive Approach to Social Norms*. London: Routledge, 2003.

DUBOIS, N. La valeur sociale des personnes. Em: JOULE, R.V.; HUGUET, P. (Eds.). *Bilans et Perspectives en Psychologie Sociale*. Grenoble: Presses Universitaires de Grenoble, 2006.

DUNCAN, B.L. Differential social perception and attribution of intergroup violence: testing the lower limits of stereotyping of blacks. *Journal of Personality and Social Psychology*, 1976, 34, pp. 590-598.

DURKHEIM, E. Représentations individuelles et representations collectives. *Revue de Métaphysique et de Morale*, 1898, 6, pp. 273-302.

ECCLES, J.S.; WIGFIELD, A. Motivational beliefs, values, and goals. *Annual Review of Psychology*, 2002, 53, pp. 109-132.

ECHEBARRIA-ECHABE, A.; FERNANDEZ-GUEDE, F. Effects of terrorism on attitudes and ideological orientations. *European Journal of Social Psychology*, 2006, 36(2), pp. 259-265.

ECHEBARRIA-ECHABE, A.; PAEZ-ROVIRA, D. Social representations and memory: the case of AIDS. *European Journal of Social Psychology*, 1989, 19, pp. 543-551.

ELIAS, N. *La Civilisation des Moeurs*. Paris: Hachette, (1973) 2003; O *processo civilizador: uma história dos costumes.* Rio de Janeiro: Jorge Zahar, 1993/1994, 2 vols.

ERDELVI, M.H.; APPELBAUM, A.G. Cognitive masking: the disruptive effect of an emotional stimulus upon the perception of contigous neutral items. *Bulletin of the Psychonomic Society*, 1973, 1, pp. 59-61.

ESSES, V.M.; HADDOCK, G.; ZANNA, M.P. The role of mood in the expression of intergroup stereotypes. Em: ZANNA, M.P.; OLSON, J.M. (Eds.). *The Psychology of Prejudice*. Hillsdale: Erlbaum, 1993, pp. 77-101 (The Ontario Symposium, 7).

ESSES, V.M.; HADDOCK, G.; ZANNA, M.P. Values, stereotypes and emotions as determinants of intergroup attitudes. Em: MACKIE, D.M.; HAMILTON, D.L. (Eds.), *Affect, Cognition, and Stereotyping: Interactive Process in Group Perception*. San Diego: Academic Press, 1993b, pp. 137-166.

FALCONNET, G.; LEFAUCHEUR, N. *La Fabrication des Mâles*. Paris: Seuil, 1975.

FAUCHER, L. Les émotions morales à la lumière de la psychologie évolutionniste: de dègoût et l'évitement de l'inceste. *Les Cahiers du Lanci*, n. 2001-2007, (UQAM – Université de Québec à Montreal) <www.er.uqam.ca/nobel/philuquam/dev/documents/cahiers/2007-01.pdf>.

FEATHER, N.T. Value importance, conservatism, and age. *European Journal of Social Psychology*, 1977, 7(2), pp. 241-245.

FEATHER, N.T. Human values and the prediction of action: an expectancy-valence analysis. Em: FEATHER, N. T. (Ed.), *Expectations and Actions, Expectancy-Value Models in Psychology*. Hillsdale: Erlbaum, 1982, pp. 263-289.

FEATHER, N.T. Masculinity, femininity, psychological androgyny, and the structure of values. *Journal of Personality and Social Psychology*, 1984, 47, pp. 604-620.

FEATHER, N.T. Values, valences, expectations, and actions. *Journal of Social Issues*, 1992, 48, pp. 109-124.

FEE, E. Nineteenth century craniology: the study is the female skull. *Bulletin of the History of Medicine*, 1979, 53, pp. 415-433.

FEERTCHAK, H. *Les Motivations et les Valeurs en Psychologie*. Paris: Armand Collin, 1996.

FERGUSON, C.; KELLEY, H. Significant factors in over-evaluation of own-group's product. *Journal of Abnormal and Social Psychology*, 1964, 69, pp. 223-228.

FESTINGER, L. A theory of social comparison process. *Human Relations*, 1954, 7, pp. 117-140.

FESTINGER, L. *A Theory of Cognitive Dissonance.* Evanston: Row Peterson, 1957; *A teoria da dissonância cognitiva.* Rio de Janeiro: Jorge Zahar, 1975.

FISHBEIN, M. *Readings in Attitude Theory and Measurement.* New York: Wiley, 1967.

FLORIAN, E.; MIKULINCER, M. Fear of death and the judgment of social transgressions: a multidimensional test of terror management theory. *Journal of Personality and Social Psychology*, 1997, 73(2), pp. 369-380.

FORGAS, J.P. Person prototypes and cultural salience: the role of cognitive and cultural factors in impression formation. *British Journal of Social Psychology*, 1985, 24, pp. 3-17.

FORGAS, J.P. Affective influences on individual and group judgments. *European Journal of Social Psychology*, 1990, 20, pp. 441-453.

FORGAS, J.P. Affect and social perception: research evidence and an integrative study. Em: STROEBE, W.; HEWSTONE, M. (Eds.) *European Review of Social Psychology*, 1992, 3, Chichester: John Wiley & Sons, 1992, pp. 183-223.

FRAISSE, P.; PIAGET, J. *Traité de Psychologie Expérimentale. Histoire et Méthode.* Paris: PUF, vol.1, 1963; *Tratado de psicologia experimental.* São Paulo: Forense, 1972, 9 vols.

FRANCO, F.M. – MAASS, A. Intentional control over prejudice: when the choice of the measure matters. *European Journal of Social Psychology*, 1999, 29, pp. 469-477.

GARDNER, R.C. Stereotypes as consensual beliefs. Em: ZANNA, M.P.; OLSON, J.M. (Eds.) *The Psychology of Prejudice.* Hillsdale: Erlbaum, 1994, pp. 1-31 (The Ontario Symposium, 7).

GILLIGAN, C. *Une si grande différence.* Paris: Flammarion, 1982-1986.

GOODWIN, R.; TINKER, M. Value priorities and preference for a relationship partner. *Personality and Individual Differences,* 2002, 32, pp. 1339-1349.

GOULD, S.J. *La Mal-mesure de L'homme.* Paris: Livre de Poche, 1983.

GRAUMANN, C.F.; WINTERMANTEL, M. Discriminatory speech acts: a functional approach. Em: BAR-TAL, D.; GRAUMANN, D.F.; KRUGLANSKI, A.W. – STROEBE, W. (Eds.) *Stereotyping and Prejudice.* New York: Springer-Verlag, 1989, pp. 183-204.

GREENBERG, J.; PYSZCZYNSKI, T.; SOLOMON, S.; ROSENBLAT, A.;

VEEDER, A.; KIRKLAND, A.; LYON, D. Evidence for terror management theory II: the effect of mortality salience on reactions to those who threaten or bolster the cultural world-view. *Journal of Personality and Social Psychology*, 1990, 58, pp. 308-318.

GREENBERG, J.; SIMON, L.; HAMON-JONES, E.; SOLOMON, S.; PYSZCZYNSKI, T. Testing alternative explanations for mortality salience effects: terror management, value accessibility, or worrisome thoughts? *European Journal of Social Psychology*, 1995, 12, pp. 417-433.

GREENBERG, J.; SIMON, L.; PYSZCZYNSKI, T.; SOLOMON, S.; CHALTEL, D. Terror management and tolerance: does mortality salience always intensify negative reactions to others who threaten one's worldview? *Journal of Personality and Social Psychology*, 1992, 63, pp. 212-220.

GREENBERG, J.; SOLOMON, S.; PYSZCZYNSKI, T. Terror management theory of self-esteem and cultural worldview: empirical assessment and conceptual refinements. Em: ZANNA, M. (Ed.), *Advances in Experimental Social Psychology*. New York: Academic Press, 1997, 29, pp. 61-139.

GRUSEC, J.E. Le rôle des explications causales dans l'internalisation des valeurs. Em: BEAUVOIS, J.L. – DUBOIS, N. – DOISE, W. (Eds.). *La Construction Sociale de la Personne*. Grenoble: Presses Universitaires de Grenoble, 1999, pp. 280-292.

GRUSEC, J.E.; GOODNOW, J.J. Impact of parental discipline methods on the child's internalization of values: a reconceptualization of current points of view. *Developmental Psychology*, 1994, 30, pp. 4-19.

GUARAOUI, Z. Socialisation et culture. Em: ROUSSIAU, N. (Ed.) *Psychologie Sociale*. Paris (no prelo), pp. 67-78.

HARRIS, J.R. Where is the child's environment? A group socialization theory of development. *Psychological Review*, 1995, 102, pp. 358-489.

HELKAMA, K. Recherches récentes sur les valeurs. Em: BEAUVOIS, J.L.; DUBOIS, N.; DOISE, W. (Eds.) *La Construction Sociale de la Personne*. Grenoble: Presses universitaires de Grenoble, 1999, pp. 61-73.

HERZLICH, C. La représentation sociale. Em: MOSCOVICI, S. (Ed.). *Introduction à la Psychologie Sociale*. Paris: Larousse, 1972, pp. 303-325.

HEWSTONE, M.; JASPARS, J.; LALLJEE, M. Social representations, social attribution and social identity: the intergroup images of "public" and "comprehensive schoolboys". *European Journal of Social Psychology*, 1982, 12, pp. 241-269.

HOFSTEDE, G. *Culture's Consequences, International Differences in World*

Related Values. Beverly Hills: Sage, 1980.

HOFSTEDE, G. Attitudes, values, and organizational culture, disentangling the concepts. *Organization Studies,* 1998, 19(3), pp. 477-493.

HOFSTEDE, G. *Culture's Consequences, Comparing Values, Behaviors, Institutions, and Organizations Across Nations.* Thousand Oaks: Sage, 2001.

HOFSTEDE, G. *A Summary of my Ideas about National Culture Differences* <stuwww.uvt.nl/-csmeets/index.html>.

HOGG, M.; ABRAMS, D. *Social Identifications.* London: Routledge, 1988.

JACQUARD, A.; PLANNÉS, H. *Petit Philosophie à l'Usage des Non-Philosophes.* Paris: LGF-Livre de Poche, 1999.

JAHODA, G. Critical notes and reflections on "social representations". *European Journal of Social Psychology,* 1988, 18, pp. 195-209.

JELLISON, J.M.; RISKIND, J. A social comparison of abilities interpretation of risk taking behavior. *Journal of Personality and Social Psychology,* 1970, 15, pp. 375-390.

JODELET, D. Représentation sociale: phenomène, concept et théorie. Em: MOSCOVICI, S. (Ed.) *Psychologie Sociale.* Paris: PUF, 1984, pp. 357-378.

JODELET, D. *Les Représentations Sociales.* Paris: PUF, 1989.

JODELET, D. *Folies et Représentations Sociales.* Paris: PUF, 1989.

JONES, E.; GERARD, H. *Foundations of Social Psychology.* New York: John Wiley & Sons, 1967,

JOST, J.T.; BENAJI, M.R. The role of stereotyping in system-justification and the production of false consciousness. *British Journal of Social Psychology,* 1994, 33, pp. 1-27.

JUDD, C.M.; JAMES-HAWKINS, L.; YSERBYT, V.; KASHIMA, Y. Fundamental dimensions of social judgment, understanding the relations between judgment of competence and warmth. *Journal of Personality and Social Psychology,* 2005, 89, pp. 899-913.

KANOUSE, D.E.; HANSON, L.R. Negativity in evaluations. Em: JONES, E.E.; KANOUSE, D.E.; KELLEY, H.H.; NISBETT, R.E.; VALINS, S.; WIENER, B. (Eds.) *Attribution: Perceiving the Causes of Behavior.* Morristown: General Learning Press, 1971, pp. 47-62.

KENRICK, D.T. GUTIERRES, A.E. Contrast effects and judgments of physical attractiveness: when beauty becomes a social problem. *Journal of Personality and Social Psychology,* 1980, 38, pp. 131-140.

KENRICK, D.T.; GUTIERRES, A.E.; GOLDBERG, L.L. Influence of popular erotica on judgments of strangers and mates. *Journal of Experimental Social Psychology*, 1989, 25, pp. 159-167.

KERCHACHE, J. (Ed.) *L'Art Taïno.* Paris: Éditions Paris Musées, 1994.

KERLINGER, F.N. *Foundations of Behavioural Research.* New York: Holt, Rinehart & Winston, (1964) 1973.

KLUCKHOHN, C. Values and value orientations in the Ttheory of action. Em: PARSONS, T.; SHILS, E.A. (Eds). *Toward a General Theory of Action.* Cambridge: Harvard University Press, 1951.

KLUCKHOHN, F.R.; STRODTBECK, F.L. *Variations in Value Orientation.* Ewanston: Row, Peterson & Co, 1961.

KOHLBERG, L. Moral stages and moralization. The cognitive-developmental approach to socialization. Em: LICKONA, T. (Ed.) *Moral Development and Behavior, Theory, Research and Social Issues.* New York: Holt, Rinehart & Winston, 1976.

KRISTIANSEN, C.M. The symbolic/value-expressive function of outgroup attitudes among homosexuals. *Journal of Social Psychology*, 1990, 130(1), pp. 61-69.

KRISTIANSEN, C.M.; HOTTE, A.M. Morality and the self: implications for the when and how of value-attitude-behavior relations. Em: SELIGMAN, C.; OLSON, J.M.; ZANNA, M.P. (Eds.). *The Psychology of Values.* Mahwah: Erlbaum, 1996, pp. 77-105 (The Ontario Symposium, 7).

KRISTIANSEN, C.M.; MATHESON, K. Value conflict, value justification, and attitudes toward nuclear weapons. *Journal of Social Psychology*, 1990, 130(5), pp. 665-675.

KRISTIANSEN, C.M.; ZANNA, M.P. Justifying attitudes by appealing to values: a functional perspective. *British Journal of Social Psychology*, 1988, 27, pp. 247-256.

KRISTIANSEN, C.M.; ZANNA, M.P. The rhetorical use of values to justify social and intergroup attitudes. *Journal of Social Issues,* 1994, 50(4), pp. 47-65.

KRUSKAL, B.; WISH, M. *Multidimensional Scaling.* Beverly Hills: Sage, 1978.

LAPIERE, R.T. Attitudes *vs* Actions. *Social Foces,* 1934, 13, pp. 230-237.

LABORIT, H. *L'Homme Imaginant.* Paris: Union Générale D'Éditions, 1970.

LABOURIN, M.C.; LECOURVOISIER, A. Le rôle des traits centraux dans la formation d'une impression. *Cahiers de Psychologie Cognitive*, 1986, 6(1), pp. 95-102.

LAVELLE, L. *Traité des Valeurs.* Paris: PUF, (1950) 1991.

LAZARUS, R.S. *Emotion and Adaptation.* New York: Oxford University Press, 1991.

LE BON, G. Recherches anatomiques et mathématiques sur les lois des variations du volume du cerveau et sur leurs relations avec l'intelligence. *Revue D'Anthropologie,* 1879, 2, pp. 27-104.

LE FLOCH, V.; SOMAT, A. Le traitement cognitif de la valeur social. *Connexions,* 1998, 72(2), pp. 91-102.

LEIPPE, M.R.; WELLS, G.L.; OSTROM, T.M. Crime seriousness as a determinant of accuracy in eyewitness identification. *Journal of Applied Psychology,* 1978, 63, pp. 345-351.

LERNER, M.J. *The Belief in a Just World: A Fundamental Delusion.* New York: Plenum, 1980.

LEROI-GOUHAN, A. *Le Geste et la Parole.* Paris: Albin Michel, 1972.

LEVY, S.R.; WEST, T.L.; RAMIREZ, L. Lay theories and intergroup relations: a social development perspective. *European Review of Social Psychology,* 2005, 16, pp. 189-220.

LEYENS, J.P.; ASPEL, S.; MARQUES, J. Cognitions sociales et pratiques psychologiques. Em: BEAUVOIS, J.L. JOULE, R.V. MONTEIL, J.M. (Eds.). *Perspectives Cognitives et Conduites Sociales.* Cousset: Del Val, 1987, vol. 1, pp. 63-84.

LEYENS, J.P.; PALADINO, P.M.; RODRIGUEZ-TORRES, R.; VAES, J. DEMOULIN, S.; RIDRIGUEZ-PEREZ, A.; GAUNT, R. The emotional side of prejudice: the attribution of secondary emotions to ingroups and outgroups. *Personality and Social Psychology Review,* 2000, 4(2), pp. 186-197.

LEYENS, J.P.; YZERBIT, V.; SCHADRON, G. *Stereotypes and Social Cognition.* London: Sage, 1994.

LEYENS, J.P.; YZERBIT, V.; SCHADRON, G. *Stéréotypes et Cognition Sociale.* Bruxelles: Mardaga, 1996.

LIEURY, A. *Psychologie Cognitive.* Paris: Dunod, 2008.

LIPIANSKI, E.M. Représentations sociales et idéologies. Analyse conceptuelle. Em: AEBISCHER, V.; DECONCHY, J.P.; LIPIANSKI, E.M. (Eds) *Idéologies et Représentations Sociales.* Cousset: Del Val, 1991, pp. 35-62.

LIPPA, R. *Introduction to Social Psychology.* Pacific Grove: Books Cole Publishing, 1994.

LOVEJOY, A.O. Terminal and adjectival values. *Journal of Philosophy*, 1950, 47, pp. 593-608.

MACKIE, N. *Constructing Women and Men.* Toronto: Holt, Rinehart & Winston, 1987.

MACKIE, M.; HAMILTON, D.L. *Affect, Cognition, and Stereotyping: Interactive Process in Group Perception.* San Diego: Academic Press, 1993.

MAIO, G.R.; OLSON, J.M. Values as truisms, evidence and implications. *Journal of Personality and Social Psychology*, 1998, 74(2), pp. 294-311.

MAIO, G.R.; OLSON, J.M.; ALLEN, L.; BERNARD, M. M. Addressing discrepancies between values and behavior: the motivation effect of reasons. *Journal of Experimental Social Psychology*, 2001, 37, pp. 104-117.

MAISONNNEUVE, J.; BRUCHON-SCHWEITZER, M. *Modèles du Corps et Psychologie Esthétique.* Paris: PUF, 1981.

MARQUES, J. The Black-Sheep Effect: Outgroup homogeneity in social comparison settings. Em: ABRAMS, D.; HOGG, M.A. (Eds.) *Social Identity Theory: Constructive and Critical Advances.* Hemel Hempstaed: Harvester Wheatsheaf, 1990, pp. 131-151.

MARQUES, J.; YZERBYT, V. The black-sheep effect: judgmental extremity towards ingroup members in inter- and intragroup situations. *European Journal of Social Psychology*, 1988, 18, pp. 287-292.

MARQUES, J.; YZERBYT, V.; LEYENS, J.P. Extremity judgments towards ingroup members as a function of ingroup identification. *European Journal of Social Psychology*, 1988, 18, pp. 1-16.

MARTIN, C.L.; PARKER, S. Folk theories about sex and race differences. *Personality and Social Psychology Bulletin,* 1995, 21(1), pp. 45-57.

MARX, K. *L'idéologie allemande.* Em: MARX, K. *Œvres Philosophiques de Karl Marx.* Paris: Alfred Coste, 1937.

MASLOW, A.H. A theory of human motivation. *Psychological Review,* 1943, 50, pp. 370-396.

MASLOW, A.H. *Motivation and Personality.* New York: Harper and Row, 1954.

MASLOW, A.H. Deficiency motivation and growth motivation. Em: JONES, M.R. (Ed.) *Nebraska Symposium on Motivation.* Lincoln: University of Nebraska Press, 1955, vol. 3, pp. 1-30.

MAUGERI, S. Motivation et travail. Em: CARRÉ, P.; FENOUILLET, F. (Eds.). *Traité de Psychologie de la Motivation.* Paris: Dunod, 2008, pp. 187-209.

MAZÉ, C. Rôles de la représentation de l'espèce humaine et de l'implication biologique dans l'estimation des risques de l'insémination artificielle. *Revue Internationale de Psychologie Sociale/Internantional Review of Social Psychology*, 2000, 13(1), pp. 69-92.

MCGUIRE, W.J. Inducing resistance to persuasion: some contemporary approaches. Em: BERKOWITZ, L. (Ed.). *Advances in Experimental Social Psychology.* New York: Academic Press, 1964, vol. 1, pp. 191-229.

MENDRAS, H. *Éléments de Sociologie.* Paris: Armand Colin,1967.

MILGRAM, S. *Soumission à L'Autorité.* Paris: Armand Colin, 1974.

MILHABET, I.; MONTEIL, J.M. Activités évaluatives et descriptives libres: une illustration expérmentale du concept du double connaissance et du poids évaliatif sur l'impression formée. *Cahiers Internationaux de Psychologie Sociale,* 1995, 25, pp. 52-67.

MORCHAIN, P. "Valerian": Étude de l'Impact d'une Bande Dessinée sur les Représentations Masculines er Féminines. Lille: Université Catholique de Lille, 1982 (Mestrado em Psicologia Social).

MORCHAIN, P. Interculturalité et stéréotypes. Em: BREUVART, J.M.; DANVERS, F. (Eds.) *Interculturalité, Migrations, et Démocratie.* Lille: Presses universitaires du Septentrion, 1998, pp.57-86.

MORCHAIN, P. Valeurs set perception stéréotupée des groupes. *Cahiers de l'URMIS,* 2006, 10-11, pp. 31-40.

MORCHAIN, P.; SCHADRON, G. Stéréotypisation et jugeabilité: comment l'entitativité permet l'extrêmisation du jugeament concernant les groupes défavorisés. *Revue Internationale de Psychologie Sociale/Internantional Review of Social Psychology,* 1999,12(2), pp. 25-46.

MORFAUX, L.M. *Vocabulaire de la Philosophie et des Sciences Humaines.* Paris: Armand Colin (1990), 1999.

MORIN, M.; VERGÈS, P. Enquête sur une représentation en voie d'emancipation: de Sida pour les jeunes. *Cahiers internationaux de psychologie sociale,* 1992, 15, pp.46-75.

MOSCOVICI, S. *La Psychanalyse, son Image, son Public.* Paris: PUF, (1961) 1971.

MOSCOVICI, S. On social representations. Em: FORGAS, J. P. (Ed.) *Social Cognition: Perspectives on Everyday Understanding.* London: Academic Press, 1981, pp. 181-209.

MOSCOVICI, S. The phenomenon of social representation. Em: FARR, R. – MOSCOVICI, S. (Eds.) *Social Representations.* Cambridge: Cambridge University Press, 1984, pp. 1-17.

MOSCOVICI, S. Des representations collectives aux représentations socials: éléments pour une histoire. Em: JODELET, D. (Ed.) *Les Représentations sociales*. Paris: PUF, 1989, pp. 62-86.

MOSCOVICI, S. La fin des représentations sociales? Em: AEBISCHER, V.; DECONCHY, J.P.; LIPIANSKI, E.M. (Eds.) *Idéologies et Représentations Sociales*. Cousset: Del Val, 1991, pp. 65-86.

MOSCOVICI, S.; DOISE, W. *Dissensions et Consensus. Une Théorie Générale des Décisions Collectives*. Paris: PUF, 1992.

MOZART, W.A.; DA PONTE, L. *Le Nozze de Figaro*. Ópera em 4 atos, 1786.

MUGNY, G.; CARUGATTI, F. *L'Inteligence au Pluriel. Les Représentations Sociales de L'Inteligence et de son Développement*. Cousset: Del Val, 1985.

MURRAY, S.L.; HADDOCK, G.; ZANNA, M.P. On creating value-expressive attitudes: an experimental approach. Em: SELIGMAN, C.; OLSON, J.M.; ZANNA, M.P. (Eds.) *The Psychology of Values*. Mahwah: Erlbaum, 1996, pp. 107-133 (The Ontario Symposium, 8).

MYERS, D.G.; BACH, P.J. Discussion effects on militarism-pacifism: a test of these groups polarization hypothesis. *Journal of Personality and Social Psychology*, 1974, 30, pp. 741-747.

NEWCOMB, T.M. *Personality and Social Change*. New York: Dryden, 1943.

NEWCOMB, T.M.; TURNER, R.H.; CONVERSE, P.E. *Manuel de Psychologie Sociale*. Paris: PUF, 1970.

NISBETT, R.E.; BELLOWS, N. Verbal reports about causal influence on social judgment: private access versus public thesis theories. *Journal of Personality and Social Psychology*, 1976, 35, pp. 613-624.

NUTTIN, J.M. Narcissism beyond gestalt and awareness: the name letter effect. *European Journal of Social Psychology*, 1985, 15, pp. 353-361.

ORFALI, B. *L'Adhésion au Front National*. Paris: Kimé, 1990.

OSBORNE, R. *The Biological and Social Meaning of Race*. San Francisco: Freeman, 1971.

OSGOOD, C.E.; SUCI, G.J.; TANNENBAUM, P.H. *The Measurement of Meaning*. Chicago/Urbana: University of Illinois Press, 1957.

PALMONARI, A.; DOISE, W. Caractéristiques des représentations sociales. Em: DOISE, W.; PALMONARI, A. (Eds.). *L'Étude des Représentations Sociales*. Neuchâtel: Delachaux et Niestlé,1986, pp. 12-33.

PANSU, P.; BEAUVOIS, J.L. Juger de la valeur sociale des personnes: les pratiques sociales d'évaluation. Em: PANSU, P.; LOUCHE, C. (Eds.). *La*

Psychologie Appliquée à L'Analyse des Problèmes Sociaux. Paris: PUF, 2004, pp. 159-183.

PEETERS, G. Valeurs et évaluation. Em: BEAUVOIS, J.L. – JOULE, R.V.; MONTEIL, J.M. (Eds.). *Perspectives Cognitives et Conduites Sociales.* Neuchâtel: Delachaux et Niestlé, 1999, pp. 247-257.

PETTIGREW, T.F.; ALLPORT, G.W.; BARNETT, E.W. Binocular resolution and perception of race in South Africa. *British Journal of Social Psychology,* 1958, 13, pp. 269-277.

PIAGET, J. *Le Jugement Moral Chez L'Enfant.* Paris: PUF, 1932. *O juízo moral da criança.* São Paulo: Summus, 1994.

PIERRE, M. *La Bande Dessinée.* Paris: Larousse, 1976.

PLAZA, M. De la représentation de la folie au diagnostic de folie. *Cahiers du CTNERHI,* 1986, 35, pp. 25-28.

POITOU, J.P. Le pouvoir et l'exercise du pouvoir. Em: MOSCOVICI, S. (Ed.) *Introduction à la Psychologie Sociale.* Paris: Larousse, 1973, vol. 2, pp. 45-79.

POSTMAN, L.; BRUNER, J.S.; MCGINNIES, E. Valeurs personelles en tant que facteurs sélectifs dans la perception. Em: LEVY, A. (Ed.) *Psychologie Sociale. Textes Fondamentaux.* Paris: Dunod, vol. 1, (1948) 1978, pp. 125-138.

PY, J.; GINET, M. La psychologie du témoignage oculaire: évaluer *a posteriori* da fiabilité d'un témoignage par la prise en compte des limites inhérentes au système cognitif. *Connexions,* 1996, 76(1), pp. 83-110.

RENNER, W. Human Values: A Lexical Perspective. *Personality and Individual Differences,* 2003, 34, pp. 127-141.

REZSOHAZY, R. *Sociologie des Valeurs.* Paris: Armand Colin, 2006.

RICHARD, J. Les Distances Culturelles Hofstede (power point). 2009. <www.seg.etsmtl.ca/JRichard/com115/>.

ROBERT, P.; TARQUINIO C.; LE MANIO, P.; GUINGOUAIN, G. Connaissance évaluative et descriptive; l'influence du contexte sur le traitement de la valeur social. *Connexions,* 1998, 7292), pp. 153-167.

ROCCAS, S.; SAGIV, L.; SCHWARTZ, S.H.; KNAFO, A. The big five personality factors and personal values. *Personality and Social Psychology Bulletin,* 2002, 28(6), pp. 789-801.

ROCHAT, F.; MODIGLIANI, A. The ordinary quality of resistance, from Milgram's Laboratory to the Village of Le Chambon. *Journal of Social Issues,* 1995, 51(3), pp. 195-210.

ROCHER, G. *Introduction à la Sociologie Générale.* Paris: Seuil, 1968, 3 vols.

(I - L'action social; II – Organisation sociale; III – Le Changement social).

ROHAN, M.J. A rose by any name? The values construct. *Personality and Social Psychology Review,* 2000, 4(3), pp. 255-277.

ROHAN, N. J.; ZANNA, M.P. Value transmission in families. Em: SELIGMAN, C.; OLSON, J.L,; ZANNA, M.P. (Eds.) *The Psychology of Values.* Mahwah: Erlbaum, 1996, pp. 253-276 (The Ontario Symposium, 8).

ROKEACH, M. *The Open and Closed Mind: Investigations into the Nature of Belief Systems and Personality Systems.* New York: Basic Books, 1960.

ROKEACH, M. *Belief, Attitudes, and Values.* San Francisco: Jossey-Bass, 1968.

ROKEACH, M. *The Nature of Human Values.* New York: Free Press, 1973.

ROKEACH, M.; MEZEL, L. Race and shared belief as factors in social choice. *Science,* 1966, 151, pp. 167-172.

ROKEACH, M.; SMITH, P.W.; EVANS, R.L. Two kinds of prejudice or one? Em: ROKEACH, M. (Ed.), *The Open and Closed Mind: Investigations into the Nature of Belief Systems and Personality Systems.* New York: Basic Books,1960, pp. 191-209.

ROLLAND, J.P. *L'Évaluation de la Personnalité: le Modèle en 5 Facteurs.* Bruxelles: Mardaga, 2004.

ROSE, S. *Le Cerveau Conscient.* Paris: Seuil, 1975.

ROTHBART, M.; TAYLOR, M. Category Labels and Social Reality: Do We View Social Categories as Natural Kinds? Em: SEMIN, F.; FIEDLER, K. (Eds.) *Language, Interaction and Social Cognition.* London: Sage, 1992, pp. 11-36.

ROUQUETTE, M.L. *La Psychologie Politique.* Paris: PUF, 1988.

ROUQUETTE, M.L. Sur la Connaissance des Masses. Grenoble: Presses Universitaires de Grenoble, 1994.

SAENGER, G. *The Social Psychology of Prejudice.* New York: Harper, 1953.

SAGIV, L.; SCHWARTZ, S.H. Value priorities and subjective well-being, direct relations and congruity effects. *European Journal of Social Psychology*, 2000, 30, pp. 177-198.

SAROGLOU, A.; DELPIERRE, V.; DERNELLE, R. Value and religiosity: a meta-analysis of studies using Schwartz's model. *Personality and Individual Differences,* 2004, 37, pp. 721-734.

SCHACHTER, S.; SINGER, J. Cognitive, social and physiological determinants of emotional state. *Psychological Review,* 1962, 69, pp. 379-399.

SCHADRON, G. La conscience des processus cognitifs dans le jugement social. Em: BEAUVOIS, J.L.; LEYENS, J.P. (Eds.) *La Psicologie Sociale 3.*

L'Ére de la Cognition Sociale. Grenoble: Presse Universitaires de Grenoble, 1997, pp.158-172.

SCHADRON, G.; MORCHAIN,P.; YZERBYT, V. Le rôle de la fonction explicative dans le genèse des stéréotypes. *Cahiers Internationaux de Psychologie Sociale,* 1996, 31(3), pp. 11-23.

SCHWARTZ, S.H. Normative influences on altruism. Em: BERKOWITZ, L. (Ed.) *Advances in Experimental Social Psychology.* New York: Academic Press, 1977, vol. 10, pp. 221-279.

SCHWARTZ, S.H. Universals in the content and structure of values: theoretical advances and empirical tests in 20 countries. Em: ZANNA, M. (Ed.) *Advances in Experimental Psychology.* Orlando: Academic Press, 1992, vol. 25, pp. 1-65.

SCHWARTZ, S.H. Values priorities and behavior: applying a theory of integrated value system. Em: SELIGMAN, C.; OLSON, J.L,; ZANNA, M.P. (Eds.) *The Psychology of Values.* Mahwah: Erlbaum, 1996, pp. 1-24 (The Ontario Symposium, 8).

SCHWARTZ, S.H. *A Proposal for Measuring Value Orientation Across Nations.*[62]<www.europeansocialsurvey.org/index.php?option=com_docman&tasc=doc_view&gid126&itemid=80>.

SCHWARTZ, S.H.; BILSKY, W. Toward a universal psychology structure of human values. *Journal of Personality and Social Psychology,* 1987, 53, pp. 550-562.

SCHWARTZ, S.H.; HUISMANS, S. Value priorities and religiosity in four western religions. *Social Psychology Quarterly,* 1995, 58, pp. 88-107.

SCHWARTZ, S.H.; MELECH, F.; LEHMANN, A.; BURGESS, S.; HARRIS, J.H. OWENS, V. Extending the cross-validity of the theory of basic human values with a different method of measurement. *Journal of the Cross-Cultural Psychology,* 2001, 32(5), pp. 519-542.

SCHWARTZ, S.H.; RUBEL, T. Sex differences in value priorities, cross-cultural and multimethod studies. *Journal of Personality and Social Psychology,* 2005, 89(6), pp. 1010-1028.

SCHWARTZ, S.H.; STRUCH, N. Values, stereotypes and intergroup antagonism. Em: BAR-TAL, D.; GRAUMANN, C.F.; KRUKGLANSKI; STROEBE, W. (Eds.). *Stereotyping and Prejudice.* New York: Springer-Verlag, 1989, pp. 151-167.

---

[62] Trata-se do capítulo VII do *Questionnaire Development Report of the European Social Survey.*

SECORD, P.F. Stereotyping and favorableness in the perception of negro faces. *Journal of Abnormal and Social Psychology,* 1959, 59, pp. 309-321.

SELIGMAN, C.; KATZ, A.N. The dynamics of value systems. Em: SELIGMAN, C.; OLSON, J.L.; ZANNA, M.P. (Eds.) *The Psychology of Values.* Mahwah: Erlbaum, 1996, pp. 53-75, (The Ontario Symposium, 8).

SHEERAN, P.; ABRAMS, D.; ABRAHAM, C.; SPEARS, R. Religiosity and adolescent' premarital sexual attitudes and behavior: an empirical study of conceptual issues. *European Journal of Social Psychology,* 1993, 23, pp. 39-52.

SHERIF, M. *The Psychology of Social Norms.* New York: Harper, 1936.

SIMPSON, M.A. Brought in dead. *Omega: Journal on Death and Dying.* 1976, 7, pp. 243-248.

SNYDER, M. Self-monitoring process. Em: BERKOWITZ, L. (Ed.) *Advances in Experimental Social Psychology.* New York: Academic Press, 1979, vol. 12, pp. 85-128.

SNYDER, M. *Public Appearances/Private Realities.* New York: Freeman, 1987.

SPRANGER, E. *Types of Men.* Halle: Niemeyer, 1928 (original: *Lebensformen*).

STERN, E. New ways of investigating the problem of personality. *Psyche,* 1923, 3, pp. 358-366.[63]

STOETZEL, J. *Les Valeurs du Temps Présent: une Enquête Européene.* Paris: PUF, 1983.

STRICKER, R. *Mozart et ses opéras. Fiction et Vérité.* Paris: Gallimard, 1980.

STRINGER, C. L'émergence de l'homme moderne. *Pour la science,* 1991, 160, pp. 54-61.

STRUCH, N.; SCHWARTZ, S.H.; VAN DER KLOOT, W. Meanings of basic values for women and men: a cross-cultural analysis. *Personality and Social Psychology Bulletin,* 2002, 28(1), pp. 16-28.

SUEDEFELD, P. Space memories, value hierarchic before and after mission. a pilot study. *Acta Astronautica,* 2006, 58, pp. 583-586.

SUMNER, W.G. *Folkways.* New York: Ginn, 1906.

TAJFEL, H. Value and the perceptual judgment of magnitude. *Psychological Review,* 1957, 64, pp. 192-204.

---

[63] Obra citada por Vernon e Allport em 1930.

TAJFEL, H. Cognitive aspects of prejudice. *Journal of Social Issues,* 1969, 25, pp. 79-97.

TAJFEL, H. La categorisation sociale. Em: MOSCOVICI, S. (Ed.) *Introduction à la Psychologie Sociale.* Paris: Larousse, 1972, pp. 272-302.

TAJFEL, H. *Differentiation Between Social Groups: Studies in the Social Psychology of Intergroup Relations.* London: Academic Press, 1978.

TAJFEL, H. *Human Groups and Social Categories: Studies in Social Psychology.* Cambridge: Cambridge University Press, 1981.

TAJFEL, H.; BILLIG, M.; BUNDY, R.P.; FLAMENT, C. Social categorization and intergroup behavior. *European Journal of Social Psychology,* 1971, 1, pp. 149-178.

TAJFEL, H.; BILLIG, M.; BUNDY, R.P.; FLAMENT, C. Categorisation sociale et comportement intergroups. Em: DOISE, W. (Ed.). *Expériences Entre Groups.* Paris: Mouton, 1979, pp. 121-149.

TAJFEL, H.; JAHODA, G. *Development in Children of Concepts and Attitudes about their Own and Other Nations: a Cross-Cultural Study.* Moscou: XVIII International Congress of Psychology: Cross-Cultural Studies in Mental Development, 1966.

TAJFEL, H.; TURNER, J. An integrative theory of intergroup conflict. Em: AUSTIN, W.G.; WORSCHEL, S. (Eds.) *The Social Psychology of Intergroup Relations.* Belmont: Wadsworth, 1979, pp. 33-47.

TAJFEL, H.; TURNER, J. The social identity theory of intergroup behavior. Em: WORSCHEL, S.; AUSTIN, W.G. (Eds.) *The Social Psychology of Intergroup Relations.* Chicago: Nelson-Hall, 1985, pp. 7-24.

TARTAKOVSKY, E.; SCHWARTZ, S.H. Motivation for emigration, values, wellbeing, and identification among young russian jews. *International Journal of Psychology,* 2001, 36(2), pp. 88-99.

TESSER, A.; MARTIN, L. The psychology of evaluation. Em: HIGGINS, E.T.; KRUGLANSKI, A.W. (Eds.). *Social Psychology: Handbook of Basic Principles.* New York: Guildford Press, 1996, pp. 400-432.

TESTÉ, B. *Idéologie Individualiste et Normes de Jugement.* Rennes: Université européene de Bretagne, 2009 (notas de estudo).

TESTÉ, B.; SIMON, K. Utilité sociale et valeur affective des traits dans les stéréotypes de genre, le soi féminin et le soi masculin. *Revue Internationale de Psychologie Sociale,* 2005, 18, pp. 81-94.

TETLOCK, P.E.; PETERSON, R.S.; LERNER, J.S. Revising the value-pluralism model: incorporating social context and context postulate. Em:

SELIGMAN, C.; OLSON, J.L.; ZANNA, M.P. (Eds.) *The Psychology of Values.* Mahwah: Erlbaum, 1996, pp. 25-51, (The Ontario Symposium, 8).

THE CHINESE CULTURE CONNECTION. Chinese values and the search for culture-free dimensions of culture. *Journal of Cross-Cultural Psychology,* 1987, 18, pp. 143-164.[64]

TIBOULET, M. Les Effects de l'Éducation Universitaire: l'Étude de Newcomb au Collège de Bennington. 2005 <www.prejuges-stereotypes.net>.

TOLENTINO, H. *Origines du Prejuge Racial aux Amériques.* Paris: Robert Leffont, 1984.

TOSTAIN, M. La morale est-elle universelle? Les alternatives actuelles ou modèle rationaliste de Kohlberg. Em: BEAUVOIS, J.L.; DUBOIS, N.; DOISE, W. (Eds.) *La Construction Sociale de la Personne.* Grenoble: Presse universitaires de Grenoble, 1999, pp. 47-57.

TOURAINE, A. Y a-til des valeurs naturelles? *Revue de Mauss,* 2002, 19(1), pp. 65-72.

TRIANDIS, H.C. A note on Rokeach's theory of prejudice. *Journal of Abnormal and Social Psychology,* 1961, 62, pp. 184-186.

TRIANDIS, H.C. Values, attitudes, and interpersonal behavior. *Nebraska Symposium of Motivation,* 1979, pp. 195-259.

TRIANDIS, H.C.; BONTEMPO, R.; VILLAREAL, M.J.; ASAI, M.; LUCCA, N. Individualism and collectivism: cross-cultural perspectives on self-ingroup relationship. *Journal of Personality and Social Psychology,* 1988, 54(2), pp. 323-338.

TRIPLETT, N. The Dynamogenic factors in pacemaking and competition. *Annual Journal of Psycholgoy,* 1897, 9, pp. 507-533.

TROGNON, A.; LARRUE, H. Les représentations sociales dans la conversation. *Connexions,* 1988, 31(1), pp. 51-70.

TURNER, J.C.; BROWN, R.J. Social status, cognitive alternatives and intergroup relations. Em: TAJFEL, H. (Ed.), *Differentiation Between Social Groups: Studies in the Social Psychology of Intergroup Relations.* London: Academic Press, 1978, pp. 201-234.

UNESCO, *Race and Science.* New York: Columbia Press, 1969.

VAES, J.; PALADINO, M.P.; LEYENS, J.P. The lost e-mail: prosocial reactions induced by uniquely human emotions. *British Journal of Social Psuchology,* 2002, 41, pp. 521-534.

---

[64] Trata-se de um grupo de 24 pesquisadores, coordenado por Michael H. Bond.

VAES, J.; PALADINO, M.P.; LEYENS, J. P. Priming uniquely human emotions and the in-group (but not the outgroup) activates humanity concepts. *European Journal of Social Psychology*, 2006, 36(2), pp. 169-181.

VAN KNIPPENBERG, A.; DIJKSTERHUIS, A.; VERMEULEN, D. Judgment and memory of a criminal act: the effect of stereotypes and cognitive load. *European Journal of Social Psychology*, 1999, 29, pp. 191-201.

VANDENPLAS-HOLPER, C. Piaget, Kohlberg et les "postkohlbergiens": plus de demi-siècle de recherches concernant le développement moral. Em: BEAUVOIS, J.L.; DUBOIS, N.; DOISE, W. (Eds.) *La Construction Sociale de la Personne*. Grenoble: Presse universitaires de Grenoble, 1999, pp. 21-46.

VERKASALO, M.; DAUN, A.; NIIT, T. Universal values in Estonia, Finland and Sweden. *Ethnologia Europea*, 1994, 24, pp. 101-117.

VERNON, P.E.; ALLPORT, G.W. A Test for personal values. *The Journal of Abnormal and Social Psychology*, 1931, 26(3), pp. 231-248.

VIKI, G.T.; ABRAMS, D. Infra-humanization, ambivalent sexism and the attribution of primary and secondary emotions to women. *Journal of Experimental Social Psychology*, 2003, 39, pp. 492-499.

WACH, M.; HAMMER, B. La structure des valeurs en France d'après le modèle de Schwartz. *Revue Internationale de Psychologie Sociale/International Review of Social Psychology*, 2003, 16(4), pp. 47-85.

WACH, M.; HAMMER, B. *La Structure des Valeurs Est-Elle Universelle?* Paris: L'Harmattan, 2003.

WAN, C.; CHIU, C.Y.; TAM, K.P.; LEE, S.L.; LAU, I.Y. M.; PENG, S. Perceived Cultural importance and actual self-importance of values in cultural identification. *Journal of Personality and Social Psychology*, 2007, 92(2), pp. 337-354.

WEIL, E. Morale. *Encyclopaedia universalis,* 200 (CD-ROM).

WERBER, B. *Les Thanatonautes.* Paris: Albin Michel, 1994.

WINKLER, C.; RHODES, G. Perceptual adaptation affects attractiveness of female bodies. *British Journal of Psychology*, 2005, 96, pp. 141-154.

WOJCISZKE, B. Morality and competence in person and self-perception. *European Review of Social Psychology*, 2005, 16, pp. 155-188.

WOLTER, R.P. Pensée Sociale et Situations de Crise: le Rôle des Nexus dans l'Implication Personelle et les Modes de Raisonnement. Paris: Université de Paris (René Descartes), 2008 (Tese de doutorado).

WORLD-VALUES-SURVEY, 2005 Official Data file v. 20081015. <www.

worldvaluessurvey.org>, 2008.

YZERBYT, V.; JUDD, C.M.; CORNEILLE, O. *The Psychology of Group Perception. Perceived Variability, Entitativity, and Essentialism.* New York: Psychological Press, 2004.

ZAVALLONI, M. L'identité psychosociale, un concept à la recherche d'une science. Em: MOSCOVICI, S. (Ed.) *Introduction à la Psychologie Sociale.* Paris: Larousse, 1973, pp. 245-263.

Índice dos conceitos

Afeto – 18, 31, 49-50, 96, 166.

Atitude(s) – 32, 36-39, 57-58, 62, 75, 98, 111-112, 115, 141-143, 146, 148, 154, 160-161, 170-174, 176.

Categorização social – 131.

Conduta – 9, 12, 18, 24-27, 30, 32-33, 35, 39, 57, 61, 76, 90-91, 95, 138, 145, 153, 156, 160, 165-166, 170.

Consciência – 24, 91, 141, 145, 153, 158, 169, 176.

Controle social – 51-52.

Cooperação – 60, 102, 156-157.

Crença (fé, religião) – 24, 33-34, 38, 61-62, 64, 67, 80-81, 89-90, 98, 100, 110, 114-115, 146-149, 154, 167, 173.

Cultura – 30, 46, 49, 60, 67-69, 77, 82-84, 86, 98-101, 103, 105-106, 120, 126, 128, 131, 136, 143, 150, 153.

Descriminação – 154, 166.

Emoção – 31, 127, 153.

Emoções morais – 51.

Estereótipo – 135, 137-139, 164, 166-170, 176.

Estrutura circular (*Circumplex*) – 44, 83-85, 177.

Identidade social – 52, 131, 133-134, 169, 174.

Ideologia – 61, 67, 89-94, 97-99, 110, 117, 120, 135-136, 141, 154, 158-159, 164.

Imagem de si – 128.

Juízo social – 125, 131.

Justificação – 17, 24, 26, 39, 53, 63, 92, 114, 138, 145, 154, 163-168, 170-172, 176.

Nexus – 94-96.

Normas – 13, 27, 34-37, 51, 63, 82, 107, 128-129, 135-136, 142-143, 150, 152, 161.

Percepção social – 13, 29, 176.

Preconceito – 116, 127, 135, 137, 139, 143, 146.

# Índice dos autores

Allport, G.W. – 42-43, 45, 47-48, 53, 76, 109, 132, 137.

Baechler, J. – 27, 164.

Bargh, J.A. – 140, 144.

Bar-Tal, D. – 62, 151-154, 168.

Beauvois, J.L. – 23, 40, 64, 90.

Boucher, J. – 130.

Codol, J.P. – 128.

Deconchy, J.P. – 18, 90, 128, 135, 148.

Doise, W. – 18, 24, 38, 90-91, 138, 165.

Dubois, N. – 35, 41, 64.

Feather, N.T. – 32, 34, 62.

Hammer, B. – 44, 76, 77, 79, 84, 98, 103.

Hofstede, G. – 99, 100, 105.

Jodelet, G. – 136-137, 165.

Kluckhohn, F.R. – 33, 39.

Kristiansen, C. – 38-39, 53.

Lavelle, L. – 21, 23, 53, 112, 145.

Lerner, J.S. – 76.

Lerner, M.J. – 167.

Maio, G.R. – 118-120.

Moscovici, S. – 24, 90, 136, 165.

Osgood, C.E. – 70-73, 130.

Renner, W. – 39.

Rockeach, M. – 67, 77.

Rohan, M.J. – 29, 112, 146.

Schadron, G. – 9, 13, 18, 108, 126, 131.

Schwartz, S.H. – 18, 26, 33-34, 36-37, 44, 53, 59, 62, 67, 108, 126, 131.

Seligman, C. – 50, 68, 118.

Spranger, E. – 42, 52-53, 64, 118.

Tajfel, H. – 31, 126, 131-133, 138.

Tetlock, P.E. – 76.

Triandis, H.C. – 31, 61, 99, 147.

Vernon, P.E. – 42-43, 45-48, 52-53, 69, 104, 109-110.

Wach, M. – 44, 104, 109-110.

Wojciszke, B. – 139.

Zanna, M.P. – 44, 53, 112, 140, 146, 160, 170.